학생은
어떻게 대해야 하는가

관심이
학생을 바꾼다

미적분에시 어려움을 겪는 학생이 있었다. 그는 간단한 문제는 꽤 잘 풀었지만, 중요한 시험에서는 늘 형편없는 성적을 냈다. 그럼에도 불구하고 포기하지 않았다. 보충 수업에 꾸준히 참석하고, 다른 학생들과 조를 이루어 문제를 풀며 배우고자 하는 의지를 분명히 보여 주었다. 하지만 그 어떤 방법도 효과가 없었다. 중요한 시험에서는 여전히 낙제점을 받았다. 학기 말쯤이 되자 그는 심각한 시험 불안을 겪게 되었다.

학기 말에 학생들은 담당 교수가 출제하지 않은 기말고사를 치르게 되었다. 기말고사 하루 전, 그 학생은 교수를 찾아왔고, 교수는 처음에는 가볍게, 그러다 점점 더 깊이 있게 미적분에 대해 이야기하기 시작했다. "이해되니?" 교수는 물었고, 학생은 매번 그렇다고 대답했다. 교수는 지금까지 이야기한 내용을 '설명헤 보라고 했다. 이어서 학생을 사무실 칠판 앞으로 데려가 개념을 정리하게 하고 꽤 어려운 문제들을 풀게 했다. 그렇게 교수와 학생은 거의 두 시간 동안 미적분을 복습했다. 분명 그 학생은 시험 성적으로 보여 준 것보다 훨씬 더 많은 내용을 이해하고 있었다. 두 시간의 복습이 끝난 뒤 교수는 말했다.

"방금 너는 미적분 구술 시험을 치른 거다. 물론 아직 성적을 말해 줄 수는 없어. 성적은 생각을 좀 해 봐야겠지만, 최소한 통과는 했어."

"내일 있을 기말고사는 어떻게 해야 할까요?"

"음, 글쎄. 그냥 재미 삼아 한 번 보는 게 어때?"

교수는 다소 무심하게 대답했다. 학생은 정말로 그렇게 했고, 통과했을 뿐만 아니라 B+라는 좋은 성적을 받았다.

같은 교수에게 또 다른 일이 있었다. 학기 초에 한 학생이 수강을 포기하겠다고 찾아왔다. 그는 장난기 어린 미소를 지으며 말했다. "아, 안 될 말이지. 우리는 좋은 학생들이 수업에서 빠져나가도록 하지 않거든." 그녀가 자신은 좋은 학생이 아니라고 반박하자 교수는 무엇이 어려운지 물으며 대화를 시작했다. 그는 인내심을 갖고 소크라테스처럼 질문을 던지면서 그녀가 스스로 이해를 쌓고 어려운 지점을 넘도록 이끌었다. 한 시간의 대화 끝에 그녀는 수업을 계속 듣기로 했지만, 여전히 불안해했다. 이후 몇 차례의 수업에서 교수는 그녀의

 켄 베인 학습 혁명

자신감을 북돋아 주었다. 그 결과 성적이 올랐고, 학기 말에 치른 학과 공통 기말시험에서는 만점을, 수업에서는 A 학점을 받았다.

교육자가
갖춰야 할 태도

이러한 행동들을 그저 친절로 단정 지을 수도 있다. 그러나 그렇게 해 버리면 우리는 중요한 통찰을 놓치게 된다. 게다가, 다른 교수들은 학생들에게 신경 쓰지 않는다는 인상을 줄 수도 있다. 사실 덜 성공적인 교수들 중에도 분명 학생을 걱정하는 사람들이 있었다. 하지만 그들이 학생들을 대하는 방식은 달랐고 효과적이지도 않았다. 그렇다면 뛰어난 교수들이 학생을 대하는 태도 속에서 그들이 성공한 이유를 찾을 수 있을까?

그 질문에 답하기에 앞서 먼저 눈여겨볼 점이 있다. 교육자의 성격 자체는 수업의 성패에 거의 영향을 주지 않았다는 사실이다. 우리는 다양한 성격의 교육자들을 만났다. 옷차림이나 호칭 방식에서도 뚜렷한 공통점은 없었다. 어떤 강의실에서는 학생들이 교수의 이름을 부르는 것이 자연스러웠고, 다른 강의실에서는 '교수님', '박사님' 같은 직함과 성으로만 서로를 불렀다.

뛰어난 교육자들에게는 공통적으로 학생을 대하는 특별한 믿음과 태도, 생각의 방식이 있었다. 이런 방식만으로 부족한 수업을 완전히 바꾸진 못하지만, 좋은 교육자일수록 그렇지 않은 이들보다 그 방식을 더 잘 따르고 있었다.

이러한 패턴을 보여 주는 가장 좋은 방법은 학습 성과가 그다지 좋지 않은 교육자들과 대조해 보는 것이다. 우리는 그 전형적인 모습을 '울프 박사'라는 가상의 인물로 묘사하기로 했다.

울프 박사의 수업은 겉보기에 모순된 평가를 받았다. 몇몇 학생은 그의 수업을 '훌륭하다.'라고 평하며, 자신들의 사고방식에 큰 변화를 주었고 상상도 못 했던 통찰을 얻었다고 말했다. 그러나 학생 평가를 분석하자 우려스러운 점이 드러났다. 20~50퍼센트에 달하는 학생들이 가장 낮은 점수를 준 것이다. 낮은 평가를 한 학생들은 학업 성적이 부진한 이들이 아니라, 대부분 성실하고 성적이 우수한 학생들이었다.

더 큰 문제는 그들의 증언에서 드러났다. 학생들에 따르면, 울프 박사는 오만하고, 학생들에게 관심이 없으며, 수업 중 그들을 조롱하기까지 했다. 많은 학생이 자신의 수없에서 낙제했다는 사실을 자랑하듯 떠벌렸고, 가혹한 요구를 당연시했다. 그의 수업을 좋게 평가한 학생들조차도 이 부분만큼은 동일하게 지적하고 있었다.

여러 사례를 종합한 결과, 한 가지 일관된 주제가 드러났다. 울프 박사는 "모든 것을 통제하려 드는 사람"이었다. 그는 학생들에게 자신이 얼마나 많은 것을 알고 있는지, 학생들이 얼마나 무시한지, 그리고 자신이 그들의 삶에 얼마나 큰 영향을 미칠 수 있는지 끊임없이 과시하고 싶어 했다.

"울프 교수님은 항상 남을 통제하려 하세요. 위협이 된다고 여겨지는 사람은 누구든 깎아내리려 하죠."

그는 수업 중에 학생의 질문에 답하는 것을 꺼렸다. 학생들과 활발히 상호작용하는 순간에도 공격적이었고, 질문을 논쟁의 기회로 삼아 상대를 완전히 이겨야 그 상황을 끝냈다. 심지어 학생들을 한 방향으로 유도해 놓은 뒤 철저히 준비해 둔 반박으로 거들먹거리며 한 방 먹이는 것을 좋아했다. 모든 것이 그의 욕구를 중심으로 돌아가는 듯 보였다. 한 학생의 말에 따르면, 그는 수업에서 가장 빛나는 주인공이 되고 싶은 듯 보였다고 했다.

과제에 대한 피드백을 줄 때도 상황은 다르지 않았다. "제가 어떤 사람인지 함부로 판단하고는 휙 버리는 것 같은 느낌이었어요.", "학생들을 바보처럼 보이게 만드는 데서 즐거움을 느끼는 것 같았습니다."

울프 박사는 자신이 항상 면담에 열려 있다고 했지만, 실제로 그의 사무실을 찾아간 학생들의 경험은 달랐다. 그는 학생을 문 앞에 세워 둔 채 "그래, 얼른 얘기하고 나가라."라고 말하는 듯한 태도를 보였다. 선글라스를 쓰고 팔짱을 낀 채 앉아 있거나, 학생이 질문하는 동안 책상을 손가락으로 두드리며 단답으로 대답하기도 했다.

극단적인 사례일까? 그럴 수도 있다. 그러나 이 이야기 속 모든 묘사는 현실의 울프 박사에게서 나온 것이다. 그의 세계에서 학생과 교수의 관계란 복종 관계였다. 학생들은 그저 시키는 대로 해야 했고, 교수는 성적과 학점이라는 거대한 권력을 마음대로 휘두를 수 있는 위치에 있었다. 수업은 그 권력을 행사하거나 때로는 학생을 희생시키면서라도 자신의 탁월함을 과시할 기회가 되곤 했다.

반대로, 우리가 연구한 훌륭한 교육자들은 권력을 드러내기보다는 학생들에게 투자하는 모습을 보여 주었다. 이는 학습에 대한 깊은 관심에서 비롯된다. 지네트 노든은 이렇게 말했다. "우리가 학생들을 인간으로서, 그리고 배우고 성장하는 학습자로서 진심으로 아끼기 때문에 이 일을 한다는 사실을 보여 주어야 합니다." 물론 꼭 지켜야 할 규칙이 없는 것은 아니다.(예를 들어 노든의 학생들은 '개인 수업'에 하루도 빠지지 않아야 한다.). 하지만 그런 규율은 강압이 아니라 교육자와 학습자 사이의 신뢰와 강한 유대에서 나온다. 어느 학생의 말처럼, 그 관계 안에서 교육자는 이렇게 말하는 셈이다. "나는 당신의 배움을 극대화하기 위해 할 수 있는 모든 것을 다 할 것입니다. 그러나 이 경험에 함께할지는 당신이 결정할 일입니다. 만약 이 여정에 참여하기로 결심했다면, 당신 역시 이 시산을 의미 있는 것으로 만들기 위해 반드시 다짐하고 따라야 할 것들이 있습니다."

이러한 규칙은 지적 혹은 예술적 기준을 의미하는 것이 아니다. 규칙은 개인의 필요에 맞게 조정될 수 있지만, 성취 기준은 그렇지 않다. 이 장의 서두에서 소개했던 이야기로 돌아가 보자. 수학 교수는 시험 불안이 있던 남학생을 포함한 모든 학생을 대할 때 두 가지를 분명히 고려했다. '학생들이 미적분을 배우도록 돕고 싶다.', '그들이 실제로 배우고 있는지 알고 싶다.' 교육자로서 당연하고 평범한 태도로 보일 수 있지만, 사실 많은 교육자들이 이를 중요하게 여기지 않는다.

연구 대상이 아닌 교육자들에게 이 사례를 들려주자, 그들은 학생들이 미적분 시험을 잘 보기를 원한다고 답했다. 그러나 그들에게서 '시험 성적을 잘 내는 것'과 '실제로 배우는 것'은 별개의 문제였다. 그들의 교육 목표는 배움이 아니라 점수였고, 공정함은 개별적 도움을 거부하는 것으로 정의되었다. 그 결과 교육은 각 학생이 최선의 결과를 낼 수 있도록 돕는 것이 아니라 점수를 세산하고 승자의 패자를 가르는 게임이 되었다.

학생을
믿어라

권위를 내려놓는 것만큼이나 중요한 요소는 신뢰다. 여기서 신뢰란, 교육자가 학생들에게 배움의 의지가 있고, 배울 능력이 있다고 믿는 태도를 의미한다. 이러한 신뢰는 더 높은 기대를 품게 하고, 문제가 생겼을 때도 학생이 부족하다고 탓하기보다는 교육자 자신을 돌아보게 만든다.

신뢰는 또 다른 차원에서 교육자들의 불필요한 두려움을 덜어 준다. 많은 이들이 학생이 과제나 학습을 스스로 하지 않을까 걱정하지만, 훌륭한 교육자들은 과감히 과제형 시험을 활용한다. 신뢰가 그들의 태도와 인식, 학생을 바라보는 사고방식에 깊이 뿌리내려 있기 때문이다. 이러한 신뢰는 특정 대학의 수준이나 학생들의 성격과 무관하게 나타난다. 개방입학제를 시행하는 학교에서도, 가장 입학하기 어려운 명문대에서도 마찬가지다. 반대로, 덜 효과적인 교육자들은 학계의 권위자들이 게으르고 똑똑하지 못한 학생들만 자기 수업에

떠넘겼다고 불평하곤 했다.

학생들과 특별한 신뢰를 쌓는 또 다른 방법은 교육자 자신의 좌절과 실패를 들려주는 것이다. 어떻게 이 분야에 관심을 갖게 되었는지, 어떤 질문들이 머릿속에 떠올랐는지, 그 질문들이 어떻게 다른 관심사로 이어졌는지 자신만의 비결을 학생들과 공유한다. 이런 개인적인 고백은 결코 과거 무용담을 지루하게 나열하는 방식이 아니다. 교육자와의 대화를 마친 어느 학생은 이렇게 말했다. "교수님도 처음에 화학을 어려워하셨다니, 정말 놀라워요. 덕분에 저도 열심히 공부해야겠다는 자신감을 얻을 수 있었어요. 전에는 교수님 같은 분들은 처음부터 모든 지식을 가지고 태어난 줄 알았거든요. 실제로 많은 분들이 그렇게 행동하시잖아요." 크레이그 넬슨은 이를 두고 말했다. "문제는 우리가 무슨 신이라도 된 양 가르친다는 겁니다. 우리가 아는 지식이 절대적인 진리가 아니라는 걸 모르는 것처럼요."

신뢰와 개방성은 학생들이 마음껏 질문하고, 자유롭게 논의할 수 있는 분위기를 만들어 낸다. 한 사회학자는 수업 첫날 학생들에게 "이 수업에서 바보 같은 질문이라는 건 없다."라고 선언했다. 당연하고 단순한 질문일지라도 누군가에게 도움이 될 수 있기 때문이다. 학생들은 서로에게 배운다. 모든 것을 아는 전문가는 없기에 집단적인 통찰 속에서 더 깊이 배운다.

폴 베이커는 강조했다.[1] "모두가 수업에 기여할 수 있으며 각자의 기여는 각별합니다. 저는 학생들이 이 세상 그 누구도 갖지 못한 자신만의 경험과 고유한 특성을 가지고 수업에 참여한다는 사실을 이해하길 바랍니다. 모두가 특별한 무언가, 독창적인 관점을 가지고 있습니다."

잘 가르치는 사람은 학생의 어려움에 공감한다

신뢰와 개방성과 더불어 삶에 대한 경외심과 호기심 또한 교육자와 학생의 관계에 깊은 영향을 준다. 이는 자기 자신과 배움에 대해 겸허한 태도를 가진 사람들에게 특히 뚜렷하게 나타난다. 그들은 자신이 얼마나 알고 있는지뿐 아니라 얼마나 많은 것을 모르는지 인식한다. 인생이라는 큰 그림 속에서 보면 결국 자신이 이룬 성취가 학생

---

1 폴 베이커, 《능력의 통합: 창의적 성장 연습》, (1977), 뉴올리언스: 앵커리지 프레스

들의 성취와 다르지 않다는 사실도 받아들인다. 노스웨스턴대학교의 경영대학원 교수 데이비드 베산코(David Besanko)는 자신이 좋은 교육자가 될 수 있었던 이유를 '내가 얼마나 느린 사람인지 알고 있는 덕분'이라고 말했다. 그는 자신 역시 개념들을 이해하는 데 종종 애를 먹는다고 털어놓으며 바로 그 어려움 때문에 학생들이 겪는 고충을 더 잘 이해할 수 있다고 말했다.

연구에 참여한 다른 교육자들에게서도 겸손함을 찾아볼 수 있었다. 그들은 자신을 인생의 학생으로 여겼고, 학생들을 진리의 단서를 함께 찾는 동행자로 보았다. 많은 교육자들이 학생들의 어려움을 무시했지만, 훌륭한 교육자들은 학생들과 무언가를 알아가려는 투쟁을 함께한다는 데서 유대감을 느꼈다. 그들은 심지어 무지 속에서도 힘을 발견했다. 하버드대학교 노벨화학상 수상자 더들리 허슈바크도 다음과 같이 인정했다. "무언가를 더 깊이 이해하려면 먼저 혼란을 느껴야 합니다."

반면 일부 학자들은 자신이 학생들이 부러워할 수밖에 없는 특별한 능력을 타고난 양 군다. 그들은 학생들에게 '이 내용은 똑똑한 사람들만 이해할 수 있다. 네가 내 말을 이해하지 못한다면 그건 내가 너보다 훨씬 똑똑하다는 뜻이다.'라는 인식을 소장한다. 아미 이런 태도 때문에 많은 학생들이 이전에 만난 '최악의 교육자'들이 으스대면서도 강의 내용을 명확하게 전달하지 못했다고 말했을 것이다. 그런 교육자들에게 학문은 "전문성을 드러내는 무대이자, 자존심을 채우는 장부"다.[2]

허슈바크가 보여 준 태도는 이와 대조적이다. 그는 학생들이 과학을 '꽝꽝 얼어붙은 거대한 학설 덩어리'로 받아들이는 현실을 지적하며, 진짜 과학은 정답을 찾는 것보다 탐구의 과정을 인내심 있게 지켜주는 것이라고 강조했다. "자연은 여러 언어로 말합니다. 과학자의 일은 그 언어들 중 하나라도 해독하려 애쓰는 것이죠." 그는 과학의 진보가 과학자들의 천재성 때문이 아니라 계속 시도하는 끈기 덕분이라고 결론지었다.

허슈바크의 관점은 뛰어난 교육자들이 자신과 자신의 학문을 어떻게 인식하는지 잘 보여 준다. 그들은 지식의 문을 지키는 문지기가 아니라 신비를 함께 풀어 가는 동료다. 자신의 무지와 호기심, 아름다움에 대한 사랑, 경외와 두려움이 뒤섞인 감정을 통해 학생들과 연결되고, 차이보다 더 많은 공통점을 발견한다.

2　제리 파버, 《깜둥이 학생: 수필과 이야기》, (1972), 뉴욕: 포켓 북스

실패를
대하는 방법

뛰어난 교육자들은 자신의 한계를 인정했고, 사람들이 삶을 살아가며 이루어 낸 성취에 깊은 존경심을 가졌다. 그들은 자신이 성공한 것은 특별한 재능을 가졌기 때문이 아니라 꾸준하게 노력해 왔기 때문이라고 믿었다. 그래서 학생들을 포함하여 모든 인간의 성취에 늘 감탄하고 긍정적인 태도를 보였다. 이러한 겸손과 자긍심, 두려움과 결단력의 조합은 그들이 교육자로서의 실패를 대하는 방식에서 가장 뚜렷하게 드러난다.

밴더빌트대학교의 철학 교수 존 락스(John Lachs)는 말했다. "제 수업이 실패했다면, 그것은 제가 뭔가를 하지 않았기 때문입니다." 락스와 다른 교육자들은 자기 한계를 이해하고 표현하는 방식에서 서로 다른 태도를 보였다. 많은 교육자늘이 사신의 수업에 아무런 문제가 없다고 생각하거나, 설령 문제가 있어도 '훌륭한 교육자는 타고나는 것이지 만들어지는 것이 아니다.'라고 믿으며 개선하지 않았다. 반면, 효과적인 교육자들은 한 명이라도 이해하지 못했다면 문제가 있다고 생각하고 더 많은 노력을 기울여 해결하고자 했다(그러한 실패로 인해 자신의 능력을 의심하고 슬퍼하지는 않았다).

물론 이들도 때로는 학생들에게 실망하거나 조바심을 느꼈다. 그러나 자신의 수업 실패를 직면할 용기가 있었고, 문제를 해결할 수 있다는 믿음이 있었다. 그래서 학생들에게 방어적으로 굴거나 벽을 쌓으려 하지 않았다. 대신 학생들을 한 인간으로서 진지하게 대하려 노력했고, 동료에게 하듯 공정함과 관심을 기울였다. 이러한 태도는 그들이 무엇을 가르치고, 어떻게 가르치며, 또 어떻게 학생들을 평가하는지에서 고스란히 드러난다.

끝없는 관심으로 가르쳐라

데릭 벨(Derrick Bell)은 1970년 초 하버드 로스쿨에서 종신교수직을 획득한 최초의 아프리카계 미국인이었다. 그는 1980년에 학장직을 맡기 위해 오리건대학교로 갔다가 동료들이 아시아계 미국인 여성을 정당하게 평가하지 않는 현실에 반발하며 하버드로 돌아왔다. 그러나 유색인종 여성 교수 영입에 진전이 없는 학교에 항의하기 위해 다시 한번 떠났다. 그는 그런 사람이었다.

여러 해 동안 그는 헌법 수업을 가르치면서 중요한 쟁점을 담은 가상 사례를 사용했고, 그 수업 방식을 조금씩 변화시켰다. 그의 사례들은 단순한 문제 풀이가 아니라, 헌법 해석에 따라 인생이 얽히는 인물들의 이야기를 생생하게 그려 내고 있었다. 그는 현실감 넘치는 장면 속에 주제를 녹여 내는 데 탁월했는데, 그의 이야기는 HBO 영화로 제작될 정도로 강렬했다. 벨이 다룬 이야기는 평범한 사람들이 평등 보호, 가족의 권리 같은 헌법적 갈등에 휘말리는 장면들이었고, 학생들 역시 직접 그런 이야기를 써 보도록 권장했다. 학생들이 쓴 작품 또한 수업 자료로 쓰였다.

이 수업의 학생들은 많은 자료를 읽어야 했다. 그 자료는 자유, 정의, 공정함, 연민, 적법절차 같은 주제를 깊이 생각하게 만드는 가상의 사례들로 이루어져 있었다. 이 이야기들은 지적으로도, 감정적으로도 학생들을 끌어들여 눈을 뗄 수 없게 했고, 단순히 정보를 주입하는 대신 사법적 심의 과정에 직접 참여하도록 이끌었다. 학생들은 글을 쓰고, 논쟁하고, 결정을 내리고, 피드백을 받으며 배웠다. 벨은 수업 자료 첫머리에 이렇게 못 박았다. "이 '참여 학습'의 구조와 기대치는 기존 수업과는 상당히 다릅니다." 모든 학생이 자료를 읽은 뒤, 두세 명씩 팀을 이루어 사건을 발표하면 강의실은 마치 큰 법정처럼 변했다. 벨은 학생들이 배웠으면 하는 모든 것을 이 과정에 녹여 냈다. 여기에 학습과 무관한 요소는 아무것도 없었다.

벨은 신중한 언어 선택으로 학생들에게 통제감과 주인의식을 부여했다. 학생들 스스로 "내가 공부하고 있다."라는 확신을 갖도록 만든 것이다. 그의 모든 요구는 학습과 연결돼 있었고, 반드시 정당한 이유와 함께 설명됐다. 예컨대 학기 초 가상의 사건 하나를 선택하는 과정에서도 "이 사건을 통해 전체 과정을 복습하게 될 것"임을 명확히 밝혔다. 학생들은 이를 바탕으로 기사를 작성해야 했는데, 그는 이렇게 안내했다.

"학생들은 8~10개의 기사를 게시할 기회를 갖습니다. 원한다면 더 올릴 수도 있습니다. 다만 12개 이상은 게시하지 마십시오."

벨은 학생들이 아이디어를 교환하며 서로의 학습에 기여하는 공동체의 일원임을 인식하게 했다. 과제 역시 단순 제출이 아니라 성찰의 도구였다. 그는 이렇게 설명했다.

"성찰은 이 수업에서 매우 중요한 부분입니다. 기사는 다음 수업에서 논의될 수 있도록 반드시 제때 게시해야 합니다. 지각은 다른 학생들에게 피해를 줍니다."

또한 그는 학생들에게 이렇게 상기시켰다.

"웹페이지에 게시한다는 것은 곧 여러분의 견해가 모두에게 공개된다는 뜻입니다. 이 글을 일간지에 실어도 괜찮다고 생각할 수 있을 만큼 책임감 있게 쓰십시오."

초기에는 학생들에게 성찰문을 적어 제출하도록 했지만, 이제는 온라인으로 제출한 뒤 서로의 글에 응답을 다는 방식으로 발전했다. 핵심은 학생들이 서로에게 이야기하고 반응 속에서 배운다는 점이다. 벨은 거기에 전혀 개입하지 않는다. 수업 시간에는 학생들의 게시물들을 바탕으로 한 시간 동안 토론하는데, 벨은 경청하며 간간이 논평하거나 질문을 던진다. 그는 사이버 공간과 강의실에서 이루어지는 이러한 상호작용이 이해의 수준을 높여 준다고 믿는다.

벨이 학생들에게 쏟는 애정은 수업을 개선하려는 끊임없는 노력과, 그 노력을 진심으로 즐기는 태도에서 분명히 드러난다. 40년에 가까운 강의 경력을 지녔음에도 불구하고 그는 여전히 교수학습센터에 연락해 수업에 대한 제안이나 피드백을 구한다.

무엇보다도 그는 학생들을 예의와 존엄으로 대한다. 매 수업을 시작할 때 몇 분씩을 할애해 학생들의 삶에 대해 이야기하고 자신의 개인적인 순간들을 나눈다. 가끔 자신의 가족에 대해 이야기할 때면 사적인 삶과 직업적인 삶 사이의 경계를 허물기도 한다. 학생들이 자신의 견해에 강하게 반박할 때조차 그들의 말을 경청했고, 대부분의 경우 그들이 틀렸다고 말하기보다는 질문을 던진다.

강의가 끝나면, 벨은 그날의 사건을 맡은 팀을 불러 졸업식에서 자녀를 바라보는 부모처럼 애정과 자부심을 담아 단체 사진을 찍는다. 사진 촬영이 끝나면 그 팀 학생들을 작은 이탈리아 식당으로 데려가 함께 식사하며 깊이 있는 대화를 나눈다. 그는 학생들의 삶과 포부에 대해 묻고 감탄하며, 수업에서 다뤘던 쟁점들에 대해 계속 이야기를 이어 간다. 이처럼 벨의 수업은 단순한 지식 전달을 넘어 학생들이 서로 배우고 성장하며 삶과 연결된 진정한 배움의 경험을 만들어 내는 장으로서 기능한다.

평가는
어떻게 해야 하는가

평가는 가르침을 비추는
거울이 되어야 한다

30년 전, 교수로서의 첫 학기가 끝나갈 무렵에 나는 기말시험을 준비하기 시작했다. 시험 문제를 내기 며칠 전 동료들과 만나 어떤 문제를 낼지에 대해 이야기를 나눴다. 우리는 점심이나 커피를 함께 하며 우리 스스로 흥미롭다고 느끼지만 학생들은 혼란스러워 할 문제들을 만들어 냈다. 노력한 보람이 있는지 대부분의 학생이 문제에 가로막히고 말았다. 나는 내가 높은 기준을 세워 학생들을 철저히 훈련시켰다고 생각했다. 적어도 당시에는 그랬다.

뒤돌아보면 그 시험은 학생들의 지적, 개인적 성취를 거의 보여 주지 못했다. 내 수업이 어땠는지도 알려 주지 못했다. 더 안타까운 것은 그 시험이 깊이 있는 사고가 아닌 전략적인 학습만을 부추겼다는 데 있다. 학생들이 수업에서 내가 말한 내용을 얼마나 기억하고 있는지 보았을 뿐 그것을 활용해 사고하는 능력을 평가하지는 못했다.

나 역시 교육자들처럼 시험과 성적을 단순히 수업 끝에 따라오는 부가적인 절차쯤으로 생각했다. 그러나 시험은 교육 과정에서 아주 중요한 역할을 한다. 적절한 평가 없이는 교육자도, 학생 자신도 어떤 진전을 이루고 있는지 파악할 수 없다. 교육자는 시험을 통해서만 자신의 교육 방식이 학습 목표에 제대로 부합하는지 확인할 수 있다. 그렇지 않으면 최적의 학습 환경을 만들려던 노력조차 의도치 않게 망칠 수 있고, 그 때문에 학생들이 전략적으로만 학습할 수 있다.

안타깝게도 오늘날의 시험과 성적 평가, 혹은 교수 평가 방식은 내가 과거에 경험했던 것에서 크게 나아지지 않았다. 여전히 그 한계를 인식하지 못한 채 진행된다. 많은 시험은 학생들이 특정 유형의 문제에서 점수를 잘 받도록 할 수 있지만, 그들의 사고 과정을 드러내지는 못한다(2장의 이야기를 떠올려보라. 운동 개념에 대해 아직 이해하지 못했음에도 물리학 시험에서 높은 성적을 받는 학생들이 있지 않았는가).

대부분의 교육 평가는 학생들이 작성하는 강의 평가 설문지에만 의존한다. 잘 되어도 교육자가 적절한 방법을 썼는지 정도를 확인할 뿐이고, 최악의 경우에는 교수 평가가 불가능하다는 체념으로 끝나버린다.

반대로, 우리가 연구한 교육자들은 전통적인 방식을 넘어 학습과 교육 평가를 새롭게 결합했고, 그 과정에서 오랫동안 논의되어 온 문제의 답을 찾아냈다.

교수 평가와 학습 평가는 별개가 아니라 학습에 도움이 되는 방식으로 서로를 뒷받침한다. 그들은 학생들을 평가할 때 그저 학생들의 수준을 측정하는 데에서 그치지 않고, 자신이 학습을 얼마나 효과적으로 도왔는지를 함께 평가한다.

가산점과 감점 제도, 학생들에게 동기부여가 될까?

더들리 허슈바크는 이렇게 말했다. "저는 학생들이 자신에 대해 뭔가를 배우고, 더 나은 학습자이자 사상가로 성장하길 바랍니다. 계산기로 점수를 더하기만 하는 데에는 관심이 없어요." 시험과 과제는 학생의 성장을 확인하는 수단이자, 동시에 교육자의 교육을 평가하는 도구다. 지네트 노든은 설명했다. "시험은 제가 학생들의 학습에 얼마나 도움이 되었는지 판단하는 지표로 사용됩니다. 특정 부분을 잘못 이해하는 패턴이 반복적으로 보이면, 그 내용을 다시 가르치기 위한 조치를 취해야 하죠."

그러나 많은 교육자들은 성적을 우등생과 열등생을 구분하는 잣대로만 삼았다. 열등생의 존재가 교육자의 역량을 반영한다는 생각은 전혀 하지 않았다. 교육은 그저 우수한 학생을 선별하고 자격을 부여하는 과정으로 여겨질 뿐이었다.

그러나 진정한 평가는 성과가 아니라 학습 과정에 있다. 학습 중심 접근 방식을 이해하려면 전통적인 성과 중심 모델과 대조해 보아야 한다.

성과 중심 모델에서는 수업의 규칙이나 요구를 얼마나 잘 따랐는지가 성적을 좌우한다. 그 요구들은 많은 경우 그 자체로 규범처럼 굳어지곤 한다. 최악의 경우 학습 목표에서 멀어져 교사의 편의만을 반영한다. 이처럼 성과 중심 모델에서 성적은 학생이 수업에서 요구된 과제를 얼마나 잘 수행했는지를 기준으로 매겨진다.

반면 학습 중심 접근에서는 질문 자체가 다르다. 학생이 수업 시간에 무엇을 말했는지, 특정 과제를 했는지, 어떤 특정 점수를 받았는지를 묻는 대신 다음과 같은 질문을 던진다. "이 수업에서 학생들이 어떤 성장을 경험하게 할 것인가?", "그 성장을 어떻게 파악할 것인가?"

이 질문에는 몇 가지 주목할 점이 있다. 첫째, 학습을 단순한 지식 습득이 아닌 발달 과정으로 간주한다. 학습은 사람이 새로운 이해와 사고 능력을 형성하는 지적, 개인적 변화의 과정인 것이다. 둘째, 성적은 학생들을 서열화하기 위한 수단이 아니라 학생과의 소통 수단이다. 학습에 대한 증거는 시험, 리포트, 프로젝트, 대화 등을 통해 드러날 수도 있지만, 교수가 진정으로 이해하고 설명하고자 하는 것은 점수가 아니라 바로 학습 그 자체다.

과제 제출 기한을 지키지 못했을 때 점수를 감점하는 관행은 전형적인 성과 중심 접근이다. 처음에는 학생들이 마감 기한 준수를 배우게 하려는 의도였을지 모르나, 실제로는 학습 목표와 무관한 경우가 많다. 학습 공동체 내에서 학생들은 서로에게 큰 영향을 받기 때문에 이런 규칙이 필요했을 수도 있다. 그러나 이는 항상 마감일을 지킬 필요가 없는 학문 분야에서도 지속되고 있고, 학생들이 서로의 과제에 영향을 받지 않는 수업에서도 여전히 적용된다. 게다가 이런 감점 요소가 있을 때 마치 시간 엄수가 학문적 역량만큼 중요한 가치처럼 보이게 하는 오해를 낳는다. 그러나 이러한 규칙을 시행하는 교육자들은 사실 기한을 지키는 능력이 학습 목표라고 생각하지 않고, 오히려 단지 과제를 늦게 내는 것이 싫다는 이유로 감점을 한다. 때문에 감점 규정을 강조할 뿐 다른 학생들이 해당 과제를 기다리고 있다는 류의 책임감을 불어넣지도 않는다. 심지어 이를 학습 목표라고 주장하는 교육자들도 실제로 이러한 규칙을 통해 학생들이 시간 약속을 잘 지키게 되고, 그 습관이 강의실 밖에서도 지속된다는 객관적인 증거를 제시하지 못한다. **따라서 과제 지각 시 감점하는 규칙은 더 이상 학습적 근거로 받아들일 수 없다. 이는 그저 성과 중심적일 뿐이다.**

한 교수가 학생의 과제에 내린 평가를 살펴보자. "글은 흥미롭지만 좀 더 다듬을 수 있을 것. 기한 내에 과제를 제출한다면 성적에 매우 큰 도움이 될 것임. 이번 과제는 4일 늦었지만, 감점은 절반만 적용하겠음." 그리고 그 아래에 이렇게 휘갈겨 썼다. 'B=84점-지각 페널티 20점. 총 64점=D.' 이 평가에서 교수는 학습과 관련된 그 어떤 언급도 하지 않고 자신이 학생을 관대하게 봐줬다는 뉘앙스만을 남겼다. 이 평가는 '글을 다듬는' 것보다도 점수를 쌓아 좋은 성적을 받는 게 더 중요한 목적이라는 목적임을 냉정하게 각인시킨다.

또 다른 사례로, 한 문학 수업에서 19세기 러시아 소설을 한 편씩 선택해 읽고 분석해 발표하는 과제를 내주었다. 많은 학생이 짧은 작품을 고른 반면, 한 학생은 톨스토이의 《전쟁과 평화》를 택했다. 운이 나쁘게도 그녀는 발표에서 이른 순서를 배정받았는데, 책의 분량과 복잡성을 고려하면 정해진 시간 내에 모두 읽고 준비하기란 거의 불가능에 가까웠다. 그녀는 발표 순서를 바꿔 주겠다는 학우를 구해 교수에게 부탁했지만, 교수는 거절했다. 그녀의 야심만만한 도서 선택에 가혹한 페널티로 응답한 셈이었다.

이 접근 방식을 최고의 교육자들의 사고방식과 비교해 보자. 물론 이들도 학생들이 제시간에 과제를 마치고 제출하기를 바란다. 하지만 그것이 학습에 늘 긍정적인 영향을 미친다고 생각하지 않을뿐더러 애초에 학생이 과제를 늦게 제출했다고 해서 게으름을 피웠다고 생각하지도 않는다. "과제가 늦어지는 이유에는 여러 가지가 있어요. 높은 목표를 설정했거나, 프로젝트에 더 많은 정성을 들였기 때문일수도 있죠. 더 열심히 했을 뿐인데 페널티를 줄 순 없죠." 그들에게 시간제한은 오히려 학습에 역효과를 낼 수 있는 요소였다.

이들은 대신 학생들이 스스로 일정을 관리하도록 돕는다. 한 교육자는 7개의 열과 24개의 행으로 구성된 종이를 나눠 주며 이렇게 말했다. "수업, 통학, 수면, 휴식, 식사 등 각 시간대에 어떤 활동을 할지 표시하세요. 그다음 과제할 시간이 있는지 살펴보세요. 수업 한 시간당 복습 두 시간이 필요하니까요. 만약 시간이 없다면 여러분에게는 이 수업을 들을 여유가 없는 건지도 몰라요."

또 다른 교육자는 수업 첫 시간에 학점마다 요구되는 수준을 설명해 주고, 과제는 언제까지 완료해야 하는지 날짜를 정리해 목록을 제공했다. 그리고 마감일을 지키지 못하면 다음 과제를 하기 전까지 유익한 피드백을 받기 어려울 것이라고 덧붙였다. 어떤 이는 학생들에게 이렇게 말했다. "누가 혼내 줘야 겨우 한다면 내가 그걸 해 줄 수는 있어요. 하지만 여러분 스스로 삶을 주도해야죠." 이렇게 접근했을 때

늦게 과제를 내는 학생은 거의 없다.

훌륭한 교육자들은 성과보다 학습에 초점을 맞추고 있다. 물론 모든 교육자가 같은 방식을 쓰는 것은 아니지만 전통적인 형식에서 벗어나 교육을 괜히 어렵게 만드는 관습들을 과감히 없애 버리고 있다. 성적은 학생의 사고를 평가하는 것이지, 어떤 규칙을 얼마나 따랐는지를 평가하는 것이 아니다. 누군가는 이렇게 말했다. "시스티나 성당의 천장화가 완성되기까지는 아주 오랜 시간이 걸렸습니다. 그렇다고 그 아름다움이 덜해졌나요? 작품이 마감에 늦었다고 해서 그 질이 바뀌지는 않습니다."

이는 단순히 수업에 참여한 것만으로는 좋은 점수를 받을 수 없다는 뜻이기도 하다. 많은 교육자들이 학생들이 자신의 생각을 자유롭게 드러낼 수 있는 방법을 마련하고자 했다. 그러나 온라인 강의 만족도 조사처럼 학습과 직접 관련 없는 행동에 추가 점수를 주지 않았다.

성과 중심 접근은 수업 참여를 장려하고 보상하는 방식에서도 분명하게 드러난다. 흔히 학생이 질문하거나 대답할 때마다 추가 점수를 주는 식이다. 연구 대상이 아닌 교육자들에게 이유를 묻자, 성적이 학생들에게 꼭 필요한 동기부여 수단이기 때문이라고 대답했다.

또 어떤 교육자들은 수업에 참여할 수 있는 지적 능력을 학습 목표 중 하나로 규정하고, 참여 점수가 그 능력을 평가하는 방식이라고 여겼다.

그들은 학생들의 참여를 숫자로 환산할 수 있다고 여겼다. 점수의 비중과 의미에 대해서는 의견 차이가 있었지만, 대부분은 이를 과학적이고 객관적이라고 주장했다. 그러나 그 안에는 지적 정의도, 비평도 없었다. 학생들에게 '네가 한 일이 왜 가치 있는지, 어떤 성장을 이루었는지, 그리고 앞으로 어떻게 나아갈 수 있는지' 알려 주려는 그 어떤 시도도 없었다.

이에 반해, 우리 연구의 대상자들은 학생들이 중요한 질문에 대해 진지하게 탐구하도록 수업을 구성했다. 수업 중 학생들의 대화는 그들이 문제에 어떻게 접근하고 있는가를 보여 주었지만, 그것만으로 최종 평가를 내리지는 않았다. 그러자 토론은 대화 연습의 장이 되었을 뿐더러 실질적이고 건설적인 비평을 주고받는 장이 되었다. 발언의 빈도는 결코 점수의 기준이 되지 않았다.

학생을 잘 알아야
좋은 결과가 따라온다

학습 중심 평가가 효과를 발휘하려면 학생들을 가능한 한 깊이 이해해야 한다. 학생들을 평가하기 위해서가 아니라 그들의 학습을 돕기 위해서다. 훌륭한 교육자들은 학기 초부터 학생들의 포부, 학습 방식, 사고 습관, 일상에서 주의를 기울이는 문제 등을 탐색했다.

폴 베이커는 학생들이 어떤 감각에 가장 많은 자극을 받는지 알고 싶어 했다. 그는 능력 통합 수업에서 학생들이 자신의 오감과 운동 감각을 집중적으로 탐구하도록 도왔다. 학기 초부터 시작한 일련의 활동을 통해 각 학생이 자신만의 진정한 재능을 찾도록 도왔다. 많은 사람들은 자신이 선과 색에 이끌리면서도 그 사실을 자각하지 못한다. 교육자는 그 사람이 어떤 감각에 가장 민감한지를 찾아야 한다. 여러 감각이 고르게 발달한 경우도 있지만, 언제나 가장 우수한 감각이 존재한다. 그것을 파악하면 학생에 맞는 방식으로 가르칠 수 있다.[1]

여기에 설문지나 사전 시험을 활용하는 이들도 있다. 예컨대 첫 수업 시간에 이 수업을 통해 답을 얻고 싶은 주요 질문 5~10개를 제

---

1 메그 칼라, "폴 베이커와의 인터뷰," 《베일러 라인》, (2001년), 46-49; 인용은 46쪽에서.

시한 뒤 학생들에게 각 항목에 대한 관심도를 매기게 했다.

수업 전후로 학생들과 대화를 나누어 자연스럽게 정보를 얻을 수도 있다. 몇몇 교육자는 정기적으로 학생들과 함께 점심을 먹는다. 모두가 좋은 기회를 얻을 때까지 조를 나누어 함께 식사하는 일정을 갖기도 한다.

랄프 린은 첫 수업에서 일종의 어휘 테스트를 실시했다. 학생들에게 단어를 불러 주고, 학생들이 익히는 과정을 관찰하면서 학생들의 이름과 얼굴을 외웠다. 이 테스트는 학생들의 사고방식과 이해 수준을 파악하는 데 큰 도움이 되었다.

중요한 것은 특정 활동의 형식이 아니라 교실에 들어온 다양한 학생들을 얼마나 이해하려 노력했는가다. 여기에는 경험이 크게 작용한다. 노련한 교수들은 오랜 시간 축적된 강의 경험을 통해 세부적인 인상을 파악할 수 있었지만, 새로운 학기를 맞을 때마다 "이번 학기 학생들은 어떤 학생들일까?"라는 탐구심을 가지고 접근했다. 그들은 오랜 경험을 통해 학생들을 판단할 수 있었음에도 그들이 만나는 학생마다 새롭게 생각하고 접근하려고 했다. 최고의 교육자들이 학생에 대한 정보를 수집한 건 그들을 판단하기 위해서가 아니라 도움을 주기 위해서였다.

학생들을 알아가는 과정은 학기 내내 계속되었다. 그들은 수업을 통해 학생들이 어떻게 변화했는지, 학생들이 수업에 어떻게 반응했는지 중요하게 여겼다. 어떤 교육자는 수업을 마무리하며 2~3분 정도 짬을 내 오늘 수업을 통해 무엇을 알게 되었는지, 왜 그렇게 생각하는지, 더 궁금한 것은 무엇인지를 작성하게 해 즉각적인 반응을 확인했다. 소규모 그룹 과제를 정기적으로 진행하고 각 조의 대표 학생들과 정기적으로 만나기도 했다.

많은 교육자들이 학기가 시작하고 3~4주 정도가 지나면 어떤 형태로든 익명 피드백을 받는다. 그중 소그룹 분석은 교수학습지원센터나 동료 교수의 도움을 받는 방식이다. 교수자가 강의실을 비운 동안 외부 조력자가 들어가 학생들을 소그룹 또는 짝으로 나누고, 다음의 세 가지 질문에 대해 약 6~7분간 논의하도록 한다.

'이 수업 또는 교사가 어떤 방식으로 학습에 도움이 되었는가?'

'학습에 더 도움이 되려면 수업 방식을 어떻게 바꾸는 것이 좋겠는가?'

'만약 수업이나 교사가 학습에 도움이 되었다면, 구체적으로 어떤 부분에 도움이 되었는가?'

각 팀은 이 질문을 받고 토론해 그 내용을 기록한다. 정해진 시간이 지나면 조력자가 전체 학생을 모아 피드백을 받고, 더 하고 싶은 말은 없는지, 다른 의견은 없는지 묻는다. 이 과정은 20분도 채 걸리지 않는다. 학생들의 코멘트를 통해 궁금한 점에 답하며 소통을 분명히 하고, 학생들의 의견과 수업 분위기를 살필 수 있는 소중한 시간이다.

시험은 어떻게 활용해야 할까?

학생에 대한 정보 수집은 학생의 성장을 돕고, 평가를 성과 중심에서 학습 중심으로 전환하는 첫걸음이다.

두 번째 단계는 학생들이 자신이 평가받게 될 기준을 이해하고, 그것을 활용할 수 있도록 돕는 것이다. 이를 위해서는 그 기준을 가능한 한 명확하게 설명해야 한다. 우리가 연구 대상이 아닌 교수들과 이 접근 방식에 대해 이야기했을 때, 많은 이들이 무척 당황스러워했다. 그들에게 학습은 '기억하는 것'이고, 시험은 '회상하는 것'이었기 때문에 이러한 정의는 상상조차 하지 못했다. 강의의 기준을 정의할 때도 각 과제가 몇 점인지, A를 받기 위해 무엇이 필요한지 설명했을 뿐이었다.

반면 훌륭한 교육자들은 각 등급을 받기 위해 학생들이 어떤 학습 수준을 보여야 하는지 구체적으로 이야기했다. '어떤 능력을 개발해야 하는가?', '무엇을 이해해야 하며, 그 이해를 어떻게 적용해야 하는가?', '어떤 유형의 문제에 적용해야 하는가?', '무엇을 분석, 종합, 평가할 수 있어야 하며, 그 기준은 무엇인가?', '학생들이 어떤 대화를, 누구와 해야 하는가?'

이러한 평가 학생들이 자기 성찰을 통해 자신의 부족한 점을 인식하고, 사고 과정을 수정할 수 있게 하는 데 있다. 평가의 목적은 서열화가 아니다. 이 관점에서 상대 평가는 아무런 의미가 없다.

성적은 그 성취 수준을 명확하게 서술해야 한다. "모든 학생이 A를 받을 자격이 있으면 모두에게 A를 주고, 모두가 F 수준이면 다 F를 준다."

이 관점에서는 학생들이 시험을 준비할 때 예상 문제를 고민하느라 시간을 헤비하게 만드는 것 역시 타당하지 않다. 폴 트래비스는 이렇게 말했다. "저는 학생들이 자신이 무엇을 이해했는지 알기를 바랍니다. 그리고 그 이해를 바탕으로 어떻게 사고해야 하는지에 집중하길 바랍니다. '무엇을 외웠는지 물을까?'를 맞히려고 애쓰는 데 시간을 낭비하지 않았으면 합니다. 충분히 이해했다면 어떤 정보가 가치가 있는지 판단할 수 있을 테니까요." 그래서 그는 대부분의 시험을 과제형으로 치른다. "저는 기억 능력이나 인식 능력만을 평가하지 않고, 한 학기 동안 수업 내용을 얼마나 잘 이해했는지 평가하고 싶습니다.” 이러한 이유로 수업 첫날에 기말시험의 문제를 미리 알려 주는 교육자들도 있다.

수학과 같은 학문에서는 기계적으로 문제를 풀라고 강조하기보다는 직접 문제를 해결하는 데 초점을 둔다. 돈 사리는 매주 학생들 앞에서 미적분 문제를 풀어 보인 뒤, 그 과정을 따라 하라고 시키는 대신 학생들이 직접 미적분 문제를 만들어 보도록 가르친다.

뛰어난 교육자들은 각 시험이 학습 내용을 누적 반영하도록 한다. 첫 번째 시험은 당연히 수업 초반의 내용을 다룬다. 그러나 이후 모든 시험은 그 시점까지의 모든 내용을 포함해야 한다. 그리고 기말시험은 전체 강의 내용을 다룬다. 랄프 린은 이렇게 말한다. “시험이 끝났다고 해서 배운 것에 작별 인사하고 그대로 돌아서서 잊어버리면 안 됩니다.” 이러한 체계에서 학생들은 여러 차례 시도하고 피드백을 받은 뒤 다음 시험에서 다시 도전할 수 있다. 중요한 것은 당장 높은 점수를 받는 것이 아니라 학기 말에 학생들이 무엇을 이해하는지, 어떤 지적 역량을 갖추었는지다.

혹자는 이런 방식이 학기 말까지 학습을 미루게 만들지는 않을까 걱정할 수 있다. 하지만 뛰어난 교육자들은 성적을 동기부여 수단으로 사용하지 않기 때문에 그런 것쯤은 염려하지 않는다. 그 보다는 학생들을 몰입시키고 주의를 끌 수 있는 흥미로운 수업 방법을 고안한다.

그들에게 종합 기말시험은 모든 것을 좌우하지 않는다. 학생이 시험을 놓치는 건 예기치 못한 상황 때문일 가능성이 크다. 어느 교수는 이렇게 말했다. "학생이 시험을 놓치면 이렇게 말하면 됩니다. '걱정하지 마세요. 다음 시험에서 이번 시험 범위에 해당하는 내용뿐 아니라 그 이후의 내용까지 다룰 테니 그때 다시 기회를 얻게 될 겁니다.'"

누적식 시험은 학생들에게 학습은 시험 통과를 위한 일시적인 수단이 아니라 지속되어야 하는 과정이라는 메시지를 전달한다. 동시에 첫 번째나 두 번째 시험에서 낙제한 학생들도 학기 말까지 학습을 이어 갈 기회를 준다. 더 나아가 이와 같은 체계에서는 교육자들도 시험을 낼 때마다 이전보다 더 정교하게 구성할 수 있어 학생들의 역량을 더욱 확장시킬 수 있다.

교육자 워크숍에서 이러한 방법을 공유하면 좋은 반응을 얻기 어렵다. 대부분의 교육자들에게 시험은 단지 승패가 결정되는 게임일 뿐이기 때문이다. 하지만 시험은 수업에서 이루어지는 지적 활동의 연장선이다. 교육자는 시험을 잘 치르게 만들기보다 일정 수준의 지적 사고를 갖추도록 학생들을 훈련시켜야 한다. 시험은 바로 그 지적 사고가 어느 수준에 도달했는지 확인하는 과정이다.

여기서 신경 써야 할 것은 수업의 지적 목표와 시험의 평가 목표 사이에 일관성을 확립하는 일이다. 학습 목표가 수업과 평가 방식을 결정한다. 목표가 학생들이 정보를 분석하고 평가한 뒤 자신의 작업으로 발전시키는 것이라면, 수업에서는 그것을 연습하고 피드백을 주고받아야 하며, 시험이나 과제는 그 능력을 확인하는 수단이 된다. 목표가 문제 해결 능력이나 비판적 사고를 기르는 것이라면 성적은 단순 암기나 빠른 정답 찾기와는 관련이 없다.

연구에 참여한 교육자들은 성적에 대해 무척 겸손했다. 어느 교수는 자신의 태도에 대해 이렇게 말했다. "저는 결코 완벽하지 않습니다. 그리고 누군가가 지적으로 성장하도록 돕는 것은 매우 어렵습니다. 하지만 제 학생들과 저는 계속 시도해야 합니다. 학생들이 자신의 학습을 이해하도록 돕는 것, 그것이 바로 제 교육적 사명 중 하나입니다. 저는 그저 제가 할 수 있는 최선의 판단을 내릴 뿐입니다."

이러한 맥락에서 최고의 교수들 중 일부는 학생들에게 자기 평가를 하게 한다. 학기 말에는 이번 학습이 어떤 성격을 보였는지 생각해 보고, 그렇게 생각한 이유와 결론을 제시하도록 한다. 더 나아가 자신의 학습 수준을 어떻게 평가할 수 있는지, 그리고 그 사고가 어떤 강점을 가지며 어떤 개선이 필요한지를 보여 주는 750~1,500단어 분량의 글을 작성하게 한다.

나는 어떻게
가르치고 있는가?

모든 행위는 학생의 학습에 대한 깊은 관심에서 비롯된다. 이 관점은 교사들의 자기 평가에서도 엿볼 수 있다. 먼저 지금까지 이어져 온 교수 평가 방식을 살펴보자.

고지식한 교사들에게 교수 활동 평가를 어떻게 생각하는지 묻자 그들은 그러한 논의 자체를 부정하고, 자신들을 평가할 수 있는 기준은 없다고 말했다. 이에 물러서지 않고, 누군가가 가르치는 방식에 대해 질문을 한다면 어떤 질문을 하고 싶은지 물었더니 대부분 방법에 관한 질문을 중요하게 꼽았다. 이는 성과 중심 모형으로, 교육자가 수업 중 표준화된 방식을 얼마나 자주, 얼마나 일관되게 따르는지 기준으로 평가한다. 예컨대 "최신 기술을 사용하는가?", "토론 수업을 진행하는가?", "학생들의 이름을 불러 지적하는가?", "칠판에 내용을 명확하게 판서하는가?", "시험을 신속하게 채점하는가?", "토론이나 사례 연구를 활용하는가?", "명확한 어조로 강의하는가?"와 같은 질문이다.

     켄 베인 학습 혁명

겉보기에 바람직한 교수법 실천을 지향하는 듯 보이지만, 여전히 '학생이 무엇을 배우는가?'보다 '교수자가 무엇을 하는가?'에 초점이 맞춰져 있다. 즉, 옳다고 여겨지는 교수법을 사용하고도 실제 학습 효과는 미미할 수 있다.

연구 대상이 된 교육자들은 어떨까? 그들은 수업을 학생 중심으로 바라보고, 보다 근본적인 질문을 던진다. "이렇게 가르치는 것이 학생들에게 해를 주지 않는가?", "사고하고 행동하고 느끼는 방식에 지속적이고 긍정적인 변화를 주는가?"

이 핵심 질문은 네 가지 하위 질문으로 나뉜다.

첫째, 이 학습 내용은 배울 가치가 있는가(그리고 교육과정에 적절한가)?

둘째, 학생들은 내가 의도한 내용을 실제로 배우고 있는가?

셋째, 나는 학생들이 학습하도록 돕고 장려하고 있는가(아니면 학생들이 나와 무관하게 배워 나가고 있는가)?

넷째, 내가 학생들에게 해를 끼치지는 않았는가(예를 들어, 위협적인 방식으로 단기적인 학습을 유도하거나, 해당 분야에 대한 흥미를 꺾거나, 전략적, 암기식 학습을 부추기거나, 그룹 과제의 필요를 간과하고 있거나, 학생의 배움을 정확하게 평가하지 못하고 있지는 않은가)?

최고의 교육자들은 이 질문에 답하기 위해 학생들의 과제를 학습의 반영으로 삼았다. 과제를 검토하고 평가할 때 사용된 기준과 방법을 분석하며, 기대되는 학습 수준을 면밀히 들여다보았다. 그리고 자신의 학습 목표에 대해 검토했다.

그들은 학습 목표를 평가할 때 가르치는 분야 안팎에서 일어나는 중요한 사고와 지식의 발전을 살펴본다. 때로는 동료에게 학습 목표를 살펴봐 달라고 부탁하고, 공적인 논의에도 활발히 참여하면서 학습의 경계를 확장시켜 나간다. 지네트 노든이 의대생들에게 '개인적 성장'을 수업 목표로 제시했을 때 모든 동료들이 이를 반긴 것은 아니었다. 그러나 오늘날에는 그러한 목표가 더 자연스럽게 받아들여지고 있다.

학생 평가에서 무엇을 느껴야 하는가?

1장에서 말했듯, 학생들에게 알맞은 질문을 하면 수업의 질을 평가하는 데 유용한 답을 얻을 수 있다. 우리는 학생 평가에 대한 기존의 연구와 우리의 연구를 함께 살펴본 끝에 이 결론에 도달했다. 예를 들어 학생들에게 '이 수업에서 당신의 학습 수준은 어떤지 평가해 보시오.'라는 질문을 주면 그 응답은 일반적으로 학습을 측정하는 지표와 높은 상관관계를 보인다. 그러나 학생들이 '양질의 학습은 무엇인가?'에 대해 적절한 개념을 가지고 있지 않을 위험성이 있다. 예컨대, 학생들은 단순히 지식을 달달 암기할 것을 기대했는데, 교수가 분석, 종합, 평가와 같은 고차적 사고를 요구한다면 어떻게 될까? 학생들이 교수에게 낮은 평가를 줄 수도 있다. 그렇다면 그 평가는 과연 유의미할까?

이 질문에 흥미를 느낀 스코틀랜드의 연구자 노엘 엔트위슬(Noel Entwistle)과 힐러리 테이트(Hilary Tait)는 서로 다른 학습 방식을 가진 학생들이 같은 수업을 들으면 전혀 다른 평가를 내릴 수 있다는 사실을 발견했다. 심층 학습자는 개념적 의미와 함의를 탐구하도록 도전하는 수업을 좋아한 반면, 표면 학습자는 그런 수업을 싫어했다. '학습=암기'라고 생각했던 학생들은 암기 능력을 중시하는 수업을 높이 평가했지만, 고차적 사고를 기대했던 학생들은 그런 수업에서 많이 배우지 못했다고 평가했다.

일부 교육자들은 이러한 연구 결과가 학생 평가의 신뢰성을 떨어뜨린다고 보았다. 그러나 우리의 연구의 대상자들은 의견이 달랐다. "만약 단편적인 지식에 만족하는 학생들이 제 수업에 좋은 점수를 준다면, 싫습니다. 그런 칭찬은 사양하고 싶네요. 물론 제 수업에 들어오는 학생들 중 일부는 학습이란 그저 암기하고 토해 내는 것이라고 생각합니다. 그래서 제가 이해와 추론을 요구하면 처음에는 좌절하죠. 만약 학기가 끝나고 수업이 마무리되었는데도 그 학생들이 끝내 제게 낮은 평가를 준다면, 제가 그들에게 학습이 무엇인지 이해시키는 데 실패했다는 뜻입니다." 즉, 학생들의 평가는 단순히 변덕스러운 의견이 아니다. 오히려 교육자가 제대로 가르치지 못했다는 신호일 수 있다. 학생들이 배워야 할 핵심 내용을 이해하지 못했다는 문제를 드러내 줄 수도 있다.

이들에게는 또 다른 질문도 있었다. "제가 학생들의 지적인 도전을 이끌었는지, 그들의 흥미를 자극했는지 알고 싶다면 학생들에게 직접 물어봐야 하지 않겠습니까?"[2]

무엇보다 중요한 것은 수업의 평균 점수가 아니다. 핵심은 학생 중 몇 퍼센트가 '교육적인 목표에 도달했는가?'다. 6점 만점 평가인데 평균 점수가 3.8이라면, 대부분의 응답이 중간에 몰렸기 때문일 수도 있고, 대부분의 학생이 높은 점수를 주었지만, 일부 학생이 극단

---

2 "교육자가 당신에게 지적 도전을 주는 데 얼마나 효과적인지 평가하라.", 또는 "교육자가 교과목에 대한 당신의 관심을 자극하는 데 얼마나 효과적인지 평가하라."

적으로 낮은 점수를 주었기 때문일 수도 있다. 그렇다면 질문은 이렇게 이어진다. '왜 이 학생들에게는 학생들에게는 도달하지 못했는가?', '어떻게 개선할 수 있는가?', '학생들 대다수에게 도달한 것만으로 만족할 수 있는가?', '아니면 소외된 소수에 대해서도 책임감을 가져야 하는가?'

더 나은
학습 평가 체계

우리는 지금까지의 사례와 질문을 활용해 더 나은 학습 평가 체계를 만들 수 있지 않을까 고민하기 시작했다.

효과적인 교육자들의 이야기로부터 배움을 얻고자 한다면, 효과적인 교수란 무엇인가에 대해 스스로 올바른 판단을 내릴 수 있어야 한다. 이 연구의 가장 중요한 교훈 중 하나는 교육이 반드시 학습의 관점에서 평가되어야 한다는 점이다. 교육자들은 자신의 교수법에 대하여 사실에 입각해 지혜로운 판단을 내려야만 한다. 또한 교육 기관은 교육자들의 수업 개선을 돕고, 궁극적으로는 뛰어난 교육자들을 유지하고 지원하기 위해 합리적인 평가를 내려야 한다.

최근 몇 년 동안 여러 교육자들이 '교수법 포트폴리오'를 작성해 왔으나 대부분 말 그대로 교육과 관련된 모든 자료를 마구잡이로 쓸어 담아 보내는 데 불과했다. 이러한 방식에는 '교육이란 무엇인가'에 대한 성찰이 거의 담겨 있지 않을 뿐더러 평가자들이 활용하기에도 아무런 쓸모가 없는 자료가 되어 버리기 일쑤다.

반대로 어떤 교육자들은 이 포트폴리오를 자기 수업의 수준을 보여 주는 학문적인 주장으로 사용하기 시작했다.[3] 솔직하고 꼼꼼하게 증거를 모은 뒤 그 증거를 바탕으로 자신의 수업이 어떤 특징과 의미를 갖는지 결론을 내리는 방식이다.

이는 곧 근본적인 질문에 답하려는 시도다. 모든 학문 분야가 동일한 질문에 관심을 두지는 않는다(예를 들어, 역사학자는 자신의 수업이 의학 국가고시에 합격에 도움이 되는지에는 관심이 없다). 그럼에도 불구하고 모든 교수는 다음 하위 질문 네 가지에 관심을 가져야 한다("나는 어떻게 가르치고 있는가?" 참조).

이 질문들에 답하기 위한 단서는 무엇인가? 이는 질문에 따라 달라진다. 어떤 경우에는 학생들의 강의 평가고, 또 다른 경우에는 강의

---

3 우리가 1997년 기사에서 처음 제안한 교수 포트폴리오의 재구성된 개념은 우리가 연구 대상자들에게 관찰한 자가 진단에서 사용되는 방법에서 유래한 것이다. 제임스 랭과 켄 베인, "교수 포트폴리오 재구성," 《가르치는 교수》, (1997).

계획서, 학생의 과제물, 또는 동료 교수의 비평이 될 수 있다. 좋은 평가의 과정은 적절한 데이터를 기반으로 해야 하고, 평가 위원회에 의해 종합 및 해석되어야 한다. 다시 말해, 학생이 남긴 코멘트나 점수는 그 자체로 점수가 되는 것이 아니라 평가자가 고려할 수 있는 데이터의 집합일 뿐이다. 자기 평가와 동료 및 관리자 평가 역시 마찬가지다.

이렇게 구성된 교육 포트폴리오는 근거와 결론을 갖춘 하나의 학문적 주장이 된다. 예컨대 다음과 같은 질문에 답할 수 있어야 한다.

'학생들의 학습을 돕기 위해 무엇을 시도했는가? 그 목표는 왜 중요한가? 어떤 방법을 사용했는가? 그 방법은 효과적이었는가? 학생들은 실제로 무엇을 배웠는가? 배우지 못했다면 그 이유는 무엇인가? 학생들의 흥미를 끌었는가?'

단순히 학생 평가나 강의 계획서를 모아 제출하는 것만으로는 부족하다. 교육자는 자료를 바탕으로 논리적이고 체계적인 주장을 세워야 하며, 그 과정에서 자신의 교육을 분석하면서 큰 배움을 얻는다.

평가는 단순한 공식처럼 계산할 수 있는 일이 아니다. 정보를 바탕으로 중요한 질문에 답하려는 과정이며, 어려운 판단을 필요로 한다. 교육자와 평가자는 숫자에 집중하기보다 학습 목표의 질과 학생들이 그 목표를 달성할 수 있도록 돕기 위한 노력에 중점을 두어야 한다.

'이 수업이 학생들의 학습에 어떤 도움이 되는가? 교육자는 학생들에게 도전적이고 창의적인 학습을 기대하는가? 그리고 그것이 학문 분야 안에서 의미 있는 기여를 할 수 있다고 보는가? 학습 목표는 그 분야에서 요구하는 최고 수준인가? 교육자가 일부 학생이라도 최고 수준에 도달하도록 도왔다는 근거가 있는가? 대부분의 학생들은 어느 정도의 성과를 내고 있는가? 교육자의 수업이 학생들에게 해를 끼친 부분은 없는가?'

동료 관찰은 반드시 신뢰할 만한 증거는 아니다. 교육자들은 대개 자신과 유사한 방식으로 수업하는 동료에게는 높은 평가를 주고, 다르게 수업하는 동료에게는 학습 효과와 무관하게 낮은 점수를 주는 경향이 있다.[4] 한두 번 참관했을 뿐인 사람은 수업의 실제 흐름이나 전반적인 교육 과정을 명확히 파악하기도 어렵다.

우리가 진정으로 주목해야 하는 것은 교육자가 어떤 구체적인 교육법을 사용하는지가 아니라, 그가 학생들이 적절한 수준에서 학습하

---

4 예를 들어, 복잡한 아이디어를 학생들에게 가르칠 때 교육자는 먼저 간단한 설명을 제공한 뒤 점진적으로 복잡성을 펼쳐 나갈 수 있다. 그런데 첫 번째 반복만을 지켜본 관찰자는 그가 학생들에게 지나치게 단순화된 개념만을 가르쳤다고 생각할 수 있다. 효과적인 전략을 사용했는데도 말이다.

도록 돕고 장려하는지 여부다. 그런 의미에서 학생들은 수업에 정기적으로 참여하는 관찰자로서 수업이 전반적으로 얼마나 잘 이루어졌는지에 대해 폭넓은 정보를 제공한다. 아주 중요한 기준이다.

물론 동료 교수들 역시 학습 목표의 질을 평가하는 데 중요한 역할을 할 수 있다. 그들은 강의 계획서, 학생 평가 방식, 과제의 성격, 수업 보고서, 학생들의 과제물까지 검토하며 해당 수업이 지향하는 본질을 파악할 수 있다. 그 이해를 바탕으로 평가 보고서도 작성할 수 있다. 이 과정은 건설적인 대화의 출발점이 되기도 한다.

교육자는 수업을 단순한 가르침이 아니라 중요한 지적 활동이자 학문적 작업, 그리고 하나의 창작 활동으로 바라봐야 한다. 따라서 교육 활동의 지적이고 예술적인 의미를 근거를 들어 설명할 수 있어야 한다.

이는 에세이 형식으로 정리될 수 있다. 학습 목표가 무엇인지, 그 목표를 위해 어떤 활동을 했는지, 또 그 과정을 어떻게 확인했는지를 담아야 한다. 이때는 강의 계획서, 과제 안내서, 학생 평가 등에서 증거를 인용해 뒷받침한다.

데이비드 베산코는 "제가 무엇을 중요하게 생각하는지는 시험 문제를 보면 알 수 있습니다."라고 말했다. 시험은 단순히 암기 능력만을 평가하는가? 이해력을 어떻게 보여 주는가? 학생들이 수업에서 배운 것을 적용·분석·종합·평가하는 순간은 언제인가? 이런 질문에 답하는 것도 필요하다(에세이에 인용된 자료들은 부록에 첨부한다).

교육 활동을 평가한다는 것은 결국 교육자가 내놓은 주장을 평가하는 일이다. 이 주장은 논문과도 같으며, 교수 활동 속에서 쌓은 지식과 경험을 담으려는 시도다. 학교 차원에서 절차와 기준을 정할 수는 있지만, 최종적인 형식과 내용은 학술 논문처럼 교육자 개인이 자율적에 맡겨진다. 다만 어떤 형식을 택하든 그 주장은 정밀하고 철저한 사고에 기반해야 한다.

이런 평가 방식은 교사들이 모여 "이 과목에서 배운다는 건 어떤 의미일까?" 같은 질문을 고민하도록 만든다. 또 사람들이 어떻게 배우는지, 배우는 게 어떤 의미인지, 그리고 어떻게 하면 더 잘 배울 수 있는지를 다룬 여러 연구와 책들을 진지하게 검토하게 한다. 학교는 이 평가서를 누가 읽고 검토할지 분명히 정해야 한다. 그게 누가 됐든 인간의 학습을 깊이 이해하는 사람이어야 한다.

이 프로그램을 실행하려면 학교 차원에서 평가자를 정하고, 그들이 학습과 평가의 중요 쟁점에 익숙해지도록 충분히 지원해야 한다. 동시에 교수의 질을 어떻게 평가할 것인가에 대한 기준을 논의해야 한다. 어떤 분야는 오랫동안 학생들이 갖춰야 할 지적, 신체적, 정서적 능력에 대해 논의해 왔지만, 그렇지 못한 분야도 있다. 어떤 분야는 학생들에게 무엇을 가르쳐야 하는지를 정리하는 시도 자체를 거부할 수도 있으며, 그것이 정당할 수도 있다. 하지만 모든 분야에는 지적·예술적 기준이 존재하며, 같은 기준을 교수 활동 평가에도 적용할 수 있다.

이런 논의는 개별 과목을 넘어서 학교 전체 교육 과정 차원까지 확대되어야 한다. 각 과목에서 무엇을 배우는지를 넘어서 학교 전체 교육을 통해 학생들이 어떤 개인적·지적 성장을 해야 하는지, 그리고 각 과목이 그 성장에 어떻게 도움을 주는지에 대한 질문을 다뤄야 한다.

마지막으로, 강조하고 명확히 해야 할 핵심 사항들을 다시 언급하고자 한다.

1. 학생들에게 올바른 질문을 던졌을 때 그들의 응답은 평가자가 교육의 질에 대해 판단하는 데 중요한 단서가 될 수 있다. 하지만 학생들의 강의 평가가 그 자체만으로 교육을 평가했다고 보기는 어렵다.[5]
2. 평균 점수는 다양한 평점 분포에서 나올 수 있다. 모든 점수가 평균 근

---

[5] 그들은 수업과 과정에 대한 종합적인 평가를 제공하며, 얼마나 배웠는지 이야기한다. 교사가 지적 도전을 얼마나 끌어냈는지 평가하고, 호기심을 어떻게 유발했는지 평가하라. 이때 5점 만점보다 6점 만점의 문항을 사용하는 것을 권장한다. 더 세부적인 구분을 요구하기 때문이다.

처에 밀집해 있을 수도 있고, 매우 높은 점수와 매우 낮은 점수가 더해져 평균이 형성될 수도 있다. 그리고 각 분포는 교수 활동의 성공의 여부에 전혀 다른 의미를 지닌다.

전자의 경우 모든 학생에게 겨우 도달한 상태일 수 있는 반면, 후자의 경우 대다수 학생에게 매우 효과적이지만 일부 학생에게는 완전히 실패했음을 뜻할 수 있다. 이때 당신은 어떤 유형의 교육자가 되기를 원하는가? 그리고 각 유형의 교육자가 어떻게 하면 더 나아질 수 있을까?

3. 수업 외부 요인 또한 학생들의 응답 방식에 영향을 미칠 수 있다. 평가자는 이러한 맥락을 고려해야 한다.

일반 교양이나 선택 과목을 수강한 학생들은 조금 더 높은 평가를 내리는 경향이 있고, 전공 필수 과목이나 일반 필수 과목을 수강한 학생들은 다소 낮은 평가를 내리는 경향이 있다.

또 학생의 사전 관심도 역시 평가 점수에 최대 5.1퍼센트까지 영향을 줄 수 있다. 따라서 고학년이 관심을 갖고 수강하는 선택 과목에서는 평가 점수가 다소 높게, 관심이 적은 필수 입문 수업에서는 낮게 나오는 것이 자연스럽다.[6]

---

6 예시 참고: 허버트 W. 마쉬와 M. 던킨, "대학교 교수 평가: 다차원적 관점", J. C. 스마트 편, 〈고

4. 성적과 학생 평가 간의 상관관계는 단순하지 않다.

학생들은 일반적으로 자신이 높은 성적을 받을 것 같을 때 평가 점수를 약간 더 높게 주는 경향이 있다. 그렇다고 성적을 관대하게 주는지 여부가 반드시 높은 평가로 이어지는 것은 아니다. **연구에 따르면, 학생들은 대체로 도전적이면서 실질적으로 도움이 되는 수업에 더 높은 평가를 주고, 반대로 쉬워서 실제로 배운 것이 별로 없는 수업에는 낮은 평가를 주는 경향이 있다.**[7] 즉 학생들의 동기부여 수준이 높고, 많은 것을 배우고 있다고 느끼며, 그 결과 좋은 성적이 기대될 때 더 높은 평가를 한다.

5. 어떤 수업이 성적에 관대한지 판단하는 가장 좋은 방법은 수업 자료, 방식, 학생 평가 관행을 종합적으로 검토하는 것이다. 단 성적을 잘 준다고 해서 학습이 부족하다는 의미는 아니다. 교육자들이 서로 다른 기준으로 학점을 부여하기 때문이다. 따라서 학습 수준을 제대로 판단하려면 학생들의 실제 수행 결과(그들이 작성한 글, 대답할 수 있는 질문의 유형, 해결할 수 있는 문제, 발표나 기타 활

등 교육: 이론과 연구 핸드북〉 제8권, (1992), 143-233; H. W. 마쉬, "학생, 과목, 교수의 특성이 대학 교수 평가에 미치는 영향", 〈미국 교육 연구 저널〉, 17, (1980): 219-237.

[7] 예시 참고: 조지 하워드와 스콧 맥스웰, "학점이 교수 평가를 오염시키는가?" 〈고등 교육 연구〉, 16, (1982): 175-188.

동 등)를 면밀히 살펴보고, 그것들의 질이 시간에 따라 어떻게 변화했는지 알아야 한다. **단순히 학점 평균만으로 수업의 결과를 판단할 수는 없다.**

견고한 평가 체계가 마련되면 우리는 최고의 교육자들이 무엇을 통해 탁월한 성과를 냈는지 알 수 있다. 교육 목표와 그 목표를 가장 잘 달성하는 방법에 대해 더욱 풍부하고 심도 있는 대화를 나눌 수도 있다. 그리고 이를 통해 다음과 같은 결론에 다다르게 된다. 훌륭한 교육자는 끊임없는 자기 평가와 성찰, 그리고 변화하려는 의지를 통해 역량을 발전시킨다는 사실이다.

훌륭한 교육자로부터
무엇을 얻을 수 있는가

'우리는 탁월한 교육자들의 통찰로부터 배움을 얻을 수 있는가?'

물론 그렇다. 그러나 그에 앞서 교육이란 단순히 말로 강의를 전달하는 행위가 아니라 학생에게 해를 끼치지 않으면서도 학습을 돕고 장려하는 모든 행위라는 인식을 받아들여야 한다. 돈 핑켈이《침묵으로 가르치기》에서 말하듯,[1] 이 관점은 '교육'이라는 개념을 근본적으로 재정의할 것을 요구한다.

많은 교육자들은 여전히 교육을 지식의 전달로 이해한다. 이는 교육자가 학습의 모든 요소를 통제한다는 뜻이기 때문에 매우 편리하지만, 교육을 그저 가르침의 행위로 축소한다. 반대로 뛰어난 교육자들이 주는 교훈은 분명하다. 교육은 학습이 이루어지는 순간에만 발

---

[1] 도널드 L. 핑켈, 《침묵으로 가르치기》, (2000), 뉴햄프셔 포츠머스

생하며, 그 본질은 학생들 대부분, 가능하다면 모두가 학습할 수 있는 잠재력을 실현하도록 조건을 조성하는 것이다. 이러한 인식을 받아들이면 교육자의 역할은 훨씬 벅차게 느껴질 수 있지만, 동시에 가장 보람 있는 과제가 된다.

여기서 교육자들이 흔히 마주하는 두려움이 있다. '가르치는 능력은 타고나는 것이 아닐까? 나는 애초에 재능이 없어서 좋은 교육자가 될 수 없는 건 아닐까?' 그러나 우리의 연구에 참여한 교육자들은 달랐다. 그들은 학습 환경을 개선하기 위해 끊임없이 노력했고, 학생들에게 도달하지 못했을 때조차 그 실패에서 통찰을 얻으려 했다. 무엇보다 중요한 점은, 이들이 지식 전달이 아닌 학습을 중심에 두었기에 다양한 방법을 모색하며 학생들의 배움을 깊이 이해하려 했다는 것이다. 그들의 중심 질문은 늘 이와 같았다.

'학습의 정의는 무엇인가? 그 학습을 어떻게 이끌어 낼 수 있는가? 학생들과 나는 학습의 진전이나 문제를 어떻게 파악할 수 있는가? 나의 교육은 학생들에게 도움이 되었는가, 아니면 해가 되었는가?'

여기서 캐롤 드웩의 연구를 떠올려 볼 수 있다. 그녀는 지능이 고정되어 있다고 믿는 사람들은 학습된 무력감을 느끼지만, 노력으로 지능을 확장할 수 있다고 믿는 사람들은 성공할 가능성이 더 크다는 사실을 밝혀냈다. 마찬가지로 교육을 단순한 지식의 전달로만 보는 교육자들은 '어떤 사람들은 그냥 강의를 잘하게 태어났고, 나는 아닌 거야.' 하는 식으로 교육에서의 성공이 자신이 어찌할 수 없는 요소에 좌우된다고 여긴다. 반면 우리가 연구한 교육자들은 교육을 학습을 돕는 과정으로 보고, 학생과 학습 과정을 더 잘 이해하면 누구든 더 나은 수업을 만들 수 있다고 믿었다.

물론 신념이 전부는 아니다. 좋은 교육자가 된다는 것은 지금 이 교실에 있는 학생들에 대해, 그리고 그들 각각의 열망, 혼란, 오해, 무지에 대해 새롭게 배울 점이 있다는 사실을 아는 데서 비롯된다. 뛰어난 교육자들로부터 배움을 얻으려면 우리가 배울 수 있다는 사실을 인정해야 하며, 실패를 기꺼이 받아들여야 한다. 모든 학생에게 똑같이 다가가지는 못하겠지만, 각 학생에게서, 그리고 인간의 학습이라는 큰 틀에 대해서 언제나 새로운 배움을 얻을 수 있다.

우리가 마주하는 두 번째로 큰 장해물은 좋은 교육이 그저 기법의 문제일 뿐이라는 생각이다. 이러한 생각을 가진 사람들은 이 책에서 교실에 바로 적용할 수 있는 간단한 비법 몇 가지를 기대할지도 모른다. 지식 전달 중심의 교육법을 따른다면 이런 발상이 아주 그럴듯하게 들릴 수 있으나, 교육을 양질의 학습 환경을 창조하는 일이라고 본다면 터무니없는 발상이다.

뛰어난 교육은 지적 창작 행위이자 공연 예술에 가깝다. 그것은 렘브란트의 붓놀림과도 같다. 단순한 기술이 아니라 그를 거장을 거장으로 만든 통찰과 관점, 독창성, 이해력, 공감이라는 본질적 자질에서 비롯된다. 한마디로 교육자는 자신이 속한 학문 안에서 학습이 무엇을 의미하는지, 어떻게 그 학습을 가장 효과적으로 촉진하고 인식할 것인지 진지하게 고민해야 한다.

이를 위해 필요한 것은 정해진 절차를 줄줄 꿰고 있는 틀에 박힌 전문가가 아니다. 상황에 따라 핵심 원리를 유연하게 적용하고, '교육에 단 하나의 방식은 없다.'라는 사실을 이해하는 적응형 전문가다. 훌륭한 교육자로부터 진정한 배움을 얻으려면 정답이나 요령만 좇아 무비판적으로 실행하는 '수동적 인식자'의 자세에서 벗어나야 한다.

2002년, 존 섹스턴은 뉴욕대학교의 제15대 총장 취임 연설에서 이렇게 말했다. "우리는 '교수'라는 직함을 수락한다는 것이 무슨 의미인지 새롭게 정의해야 합니다. 교수들은 '종신교수는 독립적 계약자'라는 낡은 생각을 버리고, 학습과 학문, 교수라는 전체 교육 활동에 대해 함께 책임을 지는 존재가 되어야 합니다."

     켄 베인 학습 혁명

이 새로운 유형의 교수는 새로운 형태의 대학을 요구한다. 학교는 교육자의 연구와 학생의 학습을 함께 고려하고, 서로의 학습을 어떻게 도울 수 있는지 탐구하는 배움 중심의 공간이 되어야 한다. 배움 중심 학교에서는 학생들이 교수의 연구에 참여하거나 스스로 탐구할 수 있다.

가장 중요한 것은 교육자와 학생이 깊이 있는 지적 대화를 나누는 공동체를 만드는 데 있다. 이는 입학 수준과 상관없이 모든 학생에게 적용된다. 무엇보다 중요한 것은 타인의 학습을 돕는 과정이 결국 자신의 이해를 깊게 한다는 믿음 위에 교육자와 학생이 함께 참여와 대화를 이어 가는 공동체를 만들어 가는 것이다.

교육과 연구의 이분법을 거부하고, 교육자로서의 역할이 갖는 의미를 새롭게 정의하려는 시도는 분명 도덕적 의미를 지닌다. 이는 학문적 성장만을 추구하는 자기중심적 태도에 대한 자각이자, 학생의 성장에 대한 윤리적 책임의 안정이다. 동시에 실청적 의미도 크다. 한 세대의 성취만 강조하며 다른 세대의 발전을 무시하는 방식으로는 학문 공동체를 오래 유지할 수 없다.

그러나 교육자에게 단순히 '더 많이, 더 잘 가르치라.'라고 요구할 수는 없다. 진정으로 새로운 학교와 교육자상을 정립하려면 인간의 학습에 대해 더 알아야 한다. 교육과 학습에 대한 연구 및 이론적 문헌은 우리가 수업이나 그 밖의 교육 경험을 어떻게 설계할 것인가에 풍부한 통찰을 제공한다. 각 학문은 '안다는 것'의 의미를 탐구하고, 사람들이 사고하는 법을 배우는 과정을 연구함으로써 발전할 수 있다.

탁월한 교육자들에게 교훈을 얻기 위해서는 그들 대부분은 하지 않았던 것을 해야 한다. 그들은 학습 이론을 체계적으로 공부하고 수업을 진행하는 대신 학생들과 함께하는 경험을 통해 성공해 왔다. 그러나 그들이 도출한 개념은 수많은 연구자들의 결론과도 맞닿아 있다. 따라서 우수한 교육자들처럼 직접 경험하는 것도 물론 중요하지만, 점점 풍부해지는 학습에 관한 연구 및 이론을 무시해서도 안 된다. 학생들이 '이제 이론 공부는 그만두고 직관과 기분에 따라 결론을 내릴 거예요!'라고 한다면 어떨 것 같은가? 안 될 일이다.

새로운 유형의 교수를 양성하려면 기존 교육자의 태도도 변해야 한다. 더들리 허슈바크는 박사 논문마다 "이 연구를 다른 사람들이 어떻게 배울 수 있는가?"라는 장을 포함해야 한다고 제안했고, 리 슐만은 신임 교수 채용 시 교수 철학에 대한 세미나를 요구해야 한다고

강조했다.[2]

기존 교육자들에 대한 지속적인 지원도 가능하다. 대학은 대학 수준의 학습을 연구하고 발전시키는 전담 부서나 기관을 설립할 수 있다. 이 기관은 교육 문제를 전문적으로 연구하고 그 결과가 대학 교육에 어떤 함의를 가지는지를 성찰하는 역할을 맡는다. 또한 다른 학과의 교수들이 그 연구의 의미를 이해하고 실천에 반영할 수 있도록 지원한다.

이러한 기관들은 교육자들과 협력해 문제를 함께 해결하기 위한 교육 혁신 프로그램을 개발할 수 있다. 예컨대 특정 학생 집단이 예상만큼 배우지 못한 이유를 분석하거나, 모든 학생이 더 잘 배울 수 있는 방법을 찾는 데 집중하는 것이다. 이러한 교육 혁신 프로그램은 핵심 문제를 정하고, 관련 연구를 꼼꼼히 살펴보며, 효과를 예측해 가설을 세운 뒤, 실행과 평가를 체계적으로 이어 가는 방식으로 진행된다. 이를 통해 대학 수준 학습 연구의 질적 성장을 도모할 수 있다.

이 기관에서 활동하는 교수들은 전통적인 학문 분야 출신일 수도

---

2 그 교수 철학은 이 책 전체에서 우리가 고려했던 네 가지 질문을 탐구할 것이다: '그 과목을 배운다는 것은 무엇을 의미하는가?', '그 학습을 어떻게 가장 잘 촉진할 수 있는가?', '학생들과 교수들은 그 학습의 본질과 진행 상황을 어떻게 가장 잘 이해할 수 있는가?', '교육자들은 자신의 노력이 도움이 되는지 해로운지 어떻게 알 수 있는가?'

있고, 학습과학을 전문적으로 연구하는 학자일 수도 있다. 대학이 이들을 정식 교수로 임용하고, 정년과 승진 평가에서 기존 학문 분야와 동일한 기준을 적용한다면, 교육 연구 분야로 더 많은 우수 인재를 끌어올 수 있다. 동시에 숙련된 연구자들이 방문학자로 참여할 기회도 넓어진다. 실제로 일부 대학 교수학습센터에서 이러한 모델이 이미 시범적으로 운영되고 있다.

지난 반세기 동안 고등교육 자금 대부분은 연구 보조금 형태로 제공되었다. 명망 있는 대학교들은 이 연구 자금을 바탕으로 명성을 쌓았다. 국제적 학문 경쟁에서 앞서고 싶다는 열망 속에서 우리는 제2차 세계대전 이후 불과 두세 세대 동안 소수 학자에게만 가능성을 걸었다. 그 과정에서 대다수 학생들의 학습적 요구는 무시되었다. 이러한 정책 아래에서 민주 사회를 유지하기란 매우 어렵다. 게다가 기존의 학습 평가 방식이 과연 가장 유능한 인재들을 식별해 왔는지조차 확신할 수 없다.

그럼에도 불구하고 이러한 반(反)교육적 분위기를 뒤집을 수 있는 작은 비밀이 하나 있다. 시러큐스대학교에서는 두 차례에 걸쳐 미국 주요 연구중심대학에 있는 교육자 및 행정가들을 대상으로 교수와 연구에 대한 설문 조사를 실시했다. 흥미롭게도 모든 직급의 응답자들이 교육와 연구가 모두 중요하다고 응답했다. 그런데 다들 '윗사람일수록 교육에 가치를 덜 두고 있을 것'이라고 생각했다. 교수는 학과장이, 학과장은 학장이, 학장은 교무처장이 자신보다 교육에 대해 무관심하다고 믿는 것이다. 총장, 교무처장, 학장 등 고위 행정가들은 오히려 자신들이 교육자들보다 교육 활동을 더 중요하게 여긴다고 믿고 있었다. 결국 모두가 교수 활동을 중요하게 생각하고 있거나 적어도 중요하게 여겨야 한다는 인식을 공유하고 있었던 셈이다. 이제는 그 작은 비밀을 행동으로 옮길 시간이다.[3]

---

3 피터 J. 그레이, 로버트 C. 프로흐, 로버트 M. 다이아몬드, 《연구와 학부 교육의 균형에 관한 연구 대학에 대한 국가 연구》, (1992), 뉴욕 시러큐스: 교수법 개발 센터, 시러큐스대학교. 피터 J. 그레이, 로버트 M. 다이아몬드, 브론윈 E. 아담, 《대학교와 대학에서 연구와 학부 교육의 상대적 중요성에 관한 국가 연구》, (1996), 뉴욕 시러큐스: 교수법 개발 센터, 시러큐스대학교. 로버트 M. 다이아몬드와 브론윈 E. 아담, 《연구 대학의 우선순위 변화: 1991-1996: 1991-1996》, (1997), 뉴욕 시러큐스대학교: 교수법 개발 센터.

연구에 관하여

학부생이었을 때 나는 나의 개인적, 지적 성장에 아주 큰 변화를 불러일으킨 교육자들에게 강한 흥미를 느꼈다. 2학년이 되자 몇몇 강사들과 그들이 무엇을 하고 왜 그렇게 하는지에 대해 이야기를 나누기 시작했고, 그러한 대화들은 이후 미국사 박사 학위를 취득하고 교수진에 합류하기까지 나의 사고에 엄청난 영향을 끼쳤다.

대부분의 대학 교수들처럼 나 역시 다른 사람의 학습을 도울 준비가 전혀 되어 있지 않았다. 나의 연구나 학술 논문은 주로 중동에서 미국 외교 정책의 발전에 초점을 맞추고 있었는데, 다른 사람이 훌륭한 역사가처럼 사고하고 이해하도록 돕는 데는 거의 도움이 되지 않았다.

처음 교수가 되고 15년 동안은 학습과 가르침에 관한 연구나 이론 문헌을 거의 읽지 않았다. 그러다 1980년대 초, 텍사스대학교 판아메

리칸학과에서 역사학 교수이자 대학 우등 프로그램의 책임자로 일하면서 마침내 그러한 문헌을 체계적으로 연구하기 시작했다. 동시에 우등 프로그램 수업을 맡길 최고의 교육자들을 찾는 데에도 관심을 가졌다. 나는 일부 수업을 참관하고, 학생들과 면담하며, 교수들의 강의 계획서를 검토하고, 동료들과 그들의 수업에 대해 이야기를 나누기 시작했다.

당시 나는 그러한 행동들을 연구의 일부로 여기지 않았으나, 1986년 밴더빌트에 도착해 인문과학대학에서 교수학습센터를 열면서 그때 많은 것을 배웠다는 사실을 깨달았다. 또한 체계적인 연구가 센터의 발전에 도움이 되리라는 생각에 효과적인 대학 교육자들을 찾아내고 조사하기 위한 체계적인 노력을 시작했다. 마샤 페이 마셜은 연구 대상 선정 기준과 면담 질문을 구체화하고, 면담과 발표 강의 영상 분석을 통해 패턴을 찾는 일을 도왔다. 제임스 랭은 1992년 연구에 합류해 면담 진행과 자료 분석, 교수 평가 관련 아이디어 정리에 힘을 보탰다. 도로시 콕스를 포함한 대학원생들도 면담과 결론 정리에 참여하며 연구를 지원했다.

잠재적인 후보자를 파악하기 위해 우리는 여러 경로에서 정보를 수집했다. 수백 명의 학생과 면담해 그들에게 큰 영향을 준 교수 이야기를 들었고, 평판이 좋은 교수에 대해서는 동료 교수들과 대화를 나눴다. 우수 교수상 수상자 명단과 교수·학생 추천도 확인했다. 1990년대 중반에는 이메일 토론 모임에서 추천을 받았고, 1996년에는 연구 초기 결과를 주제로 3일간 학회를 열어 미국과 호주에서 추가 추천을 받았다.

후보가 확인되면 그 사람이 연구에 포함될 만한 충분한 근거가 있는지 정보를 수집했다. 우선 학생 평가 점수가 매우 높아야 했고, 동시에 지속적으로 학습 증진에 기여했다는 추가 증거가 필요했다. 증거의 성격은 학문 분야와 개인에 따라 달랐지만, 강의 계획서, 시험과 평가 방법, 수업 관찰, 자기 보고서(학습 목표의 질에 관한 자료), 학생들의 과제물, 학과 시험 성과, 다른 수업에서의 이후 성취, 학생 면담(심화 학습 촉진 여부 확인) 등이 활용되었다. 구체적인 예시는 1장에 제시되어 있다. 평가 점수가 낮으면 자동으로 제외되었다. 이는 특정 학생 집단이 소외되어 학습이 왜곡되거나 추가 학습이 저해되었음을 보여주는 강력한 신호라고 판단했기 때문이다.

모든 후보자는 그들의 접근법이 학습을 증진시킨다는 충분한 증거를 확보할 때까지 조건부로 연구에 참여했다. 최종 포함 여부는 학습 목표 설정, 학생들의 목표 달성 지원 성과, 학생들의 학업에 대한 긍정적인 태도 형성 능력 등을 신중하게 고려해 판단했다. 우리는 그들

이 거의 모든 학생, 적어도 대다수에게 성공적으로 다가갔는지, 상당
수를 심화 학습으로 이끌었는지 확인하고자 했다. 연구가 진행되면서
기대 수준은 점점 높아졌고, 그 결과 연구 후반에 선발된 교육자들은
대체로 초기 선발자보다 더 높은 기준을 충족해야 했다. 그러나 우리
의 결정 과정을 공식으로 환원할 수는 없었다.

　　최종적으로 총 63명의 교육자를 연구 대상으로 삼았다. 우리가 사
용한 탐구 방법은 탐사 기자나 서술 역사학자의 접근과 유사했다. 주
로 다양한 출처에서 얻은 질적 증거를 살펴보고, 증언과 문서를 바탕
으로 결론을 도출한 뒤 그것들을 종합적인 이야기로 엮었다. 연구 대
상자에 대해서는 다음의 여섯 가지 주요 정보원을 활용했다.

첫째, 공식 또는 비공식 면담.

둘째, 교육법에 관해 그들의 생각을 담은 공개 발표나 서면 논의.

**셋째, 특정 과목 수업과 관련하여 대상자가 작성한 강의 계획서, 과제 지
침서, 평가 정책서, 강의 노트 및 기타 문서 자료.**

**넷째, 강의실 안팎에서의 교육 활동 관찰, 경우에 따라 해당 수업의 비디
오 녹화본.**

다섯째, 면담, 소집단 분석, 평가 양식을 통해 수집한 학생들의 태도와

개념, 그리고 논문, 시험, 프로젝트, 공연 등의 학문적 활동.

여섯째, 학습 목표와 교육자의 학생들에 대한 평판을 보여 주는 동료 평가.

가장 면밀하게 조사한 35명의 대상자에 대해서는 다섯 가지 또는 여섯 가지 유형의 자료를 활용했고, 나머지 28명에 대해서는 최소 두 가지 이상의 자료를 활용했다. 또한 6명의 대상자에 대해서는 강의 전체를 관찰했고, 35명의 대상자에 대해서는 강의의 일부만 관찰했다.

대부분의 공식 면담은 녹음되었으며, 비공식 면담은 일부 연구 대상자와 나눈 꽤 사적인 대화를 포함했다. 비공식적인 대화를 활용한 데는 실무적 이유와 방법론적 고려가 있었다. 우리는 연구 대상자들이 자신의 교육법에 대해 비공식적인 대화라고 인식할 때와 카메라 앞에서 공식적으로 면담할 때 응답 패턴이 달라지는지를 살펴보고자 했다. 실제로 비공식적 환경에서 많은 연구 대상자들이 일부 동료들보다 더 솔직하고 포용적인 태도를 보인다는 사실을 발견했다. 공식 비공식 면담 모두 네 가지 탐구 영역을 중심으로 이루어졌다.

첫째, 학생들에게 설정한 학습 목표는 무엇인가?

이 네 가지 주요 탐구 유형에 속하는 질문들은 학문 분야와 개인에 따라 달랐고, 시간이 흐름에 따라 발전해 갔다. 일부 질문은 1994~1998년 미국고등교육협회의 주도 아래 노스웨스턴대학교와 11개 기관이 참여한 동료 평가 프로젝트에서 도출되었다.

우리가 사용한 질문들은 다음과 같다.

① 교수 개인과 교수법에 관한 질문

- 인간이 학습하는 방식에 대한 당신의 이해를 어떻게 설명하겠는가?
- 학생이 새로운 것을 배울 때 인지적으로 어떤 일이 일어나는가?
- 수업 준비는 어떻게 하는가?
- 학생들을 위한 수업을 준비할 때 스스로에게 어떤 질문을 하는가?

- 당신은 수업에서 학생들에게 무엇을 약속하는가?

- 학생들이 당신에게서 배운 후 지적으로, 신체적으로, 또는 정서적으로 무엇을 할 수 있게 될 것인가?

- 학습이 성공적이었다고 판단하는 기준은 무엇인가?

- 수업할 때 무엇을 하는가? 주요 수업 방법은 무엇인가? 그 수업은 주로 어디에서 이루어지는가?

- 학생들이 배우도록 돕고 격려하기 위해 무엇을 하는가?

- 당신의 접근법을 잘 설명할 수 있는 좋은 비유가 있는가?

- 학생과의 관계를 어떻게 묘사하겠는가?

- 당신이 가르쳤던 학생들에게서 가장 좋아았던 점은 무엇이며 가장 덜 좋았던 점은 무엇인가?

- 학생들이 당신에게서 배울 때 겪는 문제가 있다면 무엇인가? 그들이 배우도록 돕는 과정에서 당신이 겪는 문제가 있다면 무엇인가?

- 당신이 수업을 잘했다고 느낀 순간은 언제인가?

- 학생들의 진척 상황을 점검하고 노력의 성과를 평가하는 방법은 무엇인가?

- 교수 활동이 성공적이었다는 증거가 있는가?

② 특정 과목 수업에 관한 질문

- 이 과정은 어떻게 시작되고, 왜 그 지점에서 시작되는가?

- 과정이 진행됨에 따라 당신과 학생들은 무엇을 하는가?

- 그것은 어떻게 끝나는가? 왜 그렇게 끝나는가?

- 당신이 진행하는 강의나 토론은 무엇에 대한 것인가?

- 핵심 과제와 학생 작업을 평가하는 주요 방법은 무엇인가?

- 학생들에게 무엇을 믿게 설득하려 하는가? 아니면 무엇에 의문을 품게 하는가? 혹은 그들이 새로운 욕구나 기질을 개발하길 바라는가?

- 이 과정은 해당 학문 분야의 연구 방식과 지식의 논리를 어떻게 드러내는가?

- 학생들이 어떤 흥미를 갖도록 도울 것인가?

- 어떤 지적 능력이나 자질을 개발하도록 도울 것인가?

- 학생들이 이 과목에서 특히 매력적으로 느끼길 바라는 것은 무엇인가?

- 이해나 동기 부여 면에서 그들이 가장 큰 어려움을 겪는 부분은 어디인가?

- 이 과정은 시간이 지나면서 어떻게 변화해 왔는가?

- 당신의 비유는 과목에서 핵심적인 측면을 어떻게 비추는가?

우리의 주된 목표는 단순히 사람들이 자신의 교수법에 대해 이야기하게 하고, 수업에 관한 이야기를 듣는 것이었다. 연구 방법은 강을 따라 내려가는 카누를 타는 것과 매우 비슷했다. 배가 좌초하지 않도록 조심하면서도, 우리가 관심 있는 경로를 탐색하기 위해 한 번씩 노를 물속에 담가야 했다. 우리는 뒷받침할 만한 증거를 찾았고, 이는 보통 학생들의 과제물, 시험지, 과제 안내문 등 문서 형태였지만, 때로는 수업을 녹화한 영상이기도 했다.

소집단 분석(small group analysis, SGA)의 경우 보통 수업이 끝날 무렵 교수 없이 학생들과 만났다. 학생들을 둘씩 또는 작은 모둠으로 나누고, 각 조에게 약 8~10분 동안 다음 세 가지 질문을 두고 토론하게 했다.

③ 학생 소집단 분석에서의 질문

- 무엇이 학습을 자극했는가?
- 수업의 구조나 진행 방식에서 어떤 변화가 있으면 더 잘 학습할 수 있겠는가?
- 수업에서 이루어지는 학습의 성격을 어떻게 묘사하겠는가?

토론이 끝난 뒤 학생들을 다시 모아 각 그룹에게 보고를 받았다. 이 시점에서 우리는 서면 설문지로는 얻을 수 없는 두 가지가 가능했다. 첫째는 명확화(후속 질문으로 내용을 분명히 하는 것)이고, 둘째는 검증(특정 보고가 모든 사람의 의견을 반영하는지, 아니면 의견이 나뉘었는지를 확인하는 것)이었다. 전체 절차에는 보통 약 20분이 소요되었다. 우리는 그룹에서 보고한 내용을 기록하고, 학생들이 토론에서 작성한 메모를 수집했다.

이후 강의 계획서, 강의 자료, 소집단 분석 기록, 대화 내용 등 자료를 읽고 또 읽었으며, 면담과 수업을 찍은 영상도 여러 차례 보면서 패턴을 찾아내고자 했다. 여기서 우리는 모두가 동일한 언어를 사용하지는 않는다는 것을 알게 되었다. 우리는 기존 연구 및 이론 문헌에 대한 이해를 바탕으로 다양한 용어와 장면을 분류하고, 그들의 실천과 사고방식에 이름을 붙이며 공통된 패턴을 인식하려 했다. 동시에 가능한 한 연구 대상자들의 목소리와 실제 자료에서 도출되는 결론을 충실히 따르려 했다. 이를 위해 때때로 개별 사례를 서술한 뒤 그들 사이의 공통점을 함께 논의하기도 했다.

신중하고 철저하게 증거를 검토한 결과, 우리가 선정한 63명 모두 학생들이 뛰어난 학습 성과를 달성하도록 돕고 격려하는 데 성공을 거두었다고 할 수 있다. 그러나 모든 교수를 대상으로 설문을 하거나 무작위로 선정된 표본을 조사한 것이 아니므로, 이들 외에도 동등하거나 더 뛰어난 성과를 거둔 사람이 존재하지 않았다고 단정할 수는 없다. 따라서 인구통계학적 보고는 의미 있는 정보를 거의 제공하지 못하며, 심지어 잘못된 인상을 줄 수도 있다.

예컨대 남성 교수의 비율이 높게 나타난 것은 단순히 당시 대학 현장에서 남성이 여성보다 더 많이 재직했기 때문일 수 있다.

연구 대상자의 경력도 다양했다. 7명은 10년 미만(5년 미만은 없음), 22명은 15년 미만, 5명은 20년 미만의 교육 경력을 가지고 있었으며, 나머지는 모두 20년 이상이었다. 12명을 제외한 대부분은 연구중심 대학 소속이었지만, 이는 우리가 속한 환경의 특성을 반영할 뿐 훌륭한 교육자가 특정 유형의 기관에 주로 존재한다는 증거는 아니다. 중요한 점은 우리가 가장 효과적이라고 확인한 교수법들이 까다로운 명문 대학에서도, 개방입학제를 시행하는 대학에서도 동일하게 효과를 발휘했다는 사실이다. 이는 학생의 학업 자격과 무관하게 어떤 핵심 원칙들이 일관되게 작동한다는 점을 시사한다. 우리는 40개의 서로 다른 학문 분야에 속한 사람들을 골고루 조사했다. 그중 5명은 공연예술 분야에 속했고, 10명은 전문대학원에서 강의했으며, 그중 2명

켄 베인 학습 혁명

은 학부 수업도 담당했다. 또 55명은 학부생을 가르쳤고, 그 가운데 절반 이상이 대학원생도 함께 지도했다. 이러한 사실들은 훌륭한 교육자가 어디에 주로 있는지 알려 주지는 않지만, 본 연구가 폭넓은 범위를 다루었음을 보여 준다.

우리의 탐구는 효과적인 교육자들에 관한 전반적인 이야기와, 경우에 따라 개별적인 이야기까지 전하는 일련의 사례 연구로 이루어져 있다. 우리는 특정한 접근법이 효과적으로 작동한다는 증거이자 추가 연구를 위한 이론적 토대로서 이 성과를 제시하고자 한다. 앞으로는 서로 다른 교수법을 직접 비교하는 연구가 필요하다. 실제로 한 사례에서는 '심화 개념 워크숍'을 개발한 생물학자들이 참여 학생과 비참여 학생을 짝지어 성취를 비교했고, 그 과정에서 참가자·대조 집단·비참여 집단의 학업 성취를 통계적으로 분석할 수 있었다.[1]

연구에서 가장 까다로운 질문은 '탁월한 학습'을 어떻게 정의할 것인가였다. 우리는 모든 학문 분야에 적용될 수 있는 일반적인 정의라는 것은 세울 수 없다는 사실을 알게 되었다. 하지만 동시에 연구 대상자들의 이야기를 통해 '탁월한 학습'이 무엇을 의미하는지에 대해

1   W. K. 본, W. 레벨, L. 핀토, "워크숍 그룹을 통한 생물학 성과 향상", 〈과학 교육 및 기술 저널〉, 11, (2002): 347-365.

이해할 수 있었다. 이는 연구가 진행되며 기대 수준이 점차 높아지는 데 기여했다. 지적 발달은 방대한 자료를 이해하고, 학습 방법을 습득하며, 증거로부터 추론하고, 다양한 추상적 개념을 활용하는 능력뿐 아니라, 이를 글과 대화로 표현하고 정교한 질문을 던지며, 이러한 능력을 지속적으로 활용하는 습관을 포함한다.

개인적 발달은 자기 이해와 인간됨의 의미를 확장하는 과정이다. 즉 자신의 역사·감정·성향·능력·통찰·한계·편견·가정·감각까지 폭넓게 인식하는 것을 뜻한다. 여기에 도덕적 성숙, 자신과 타인에 대한 책임감, 연민을 실천할 수 있는 능력, 감정을 이해하고 다루는 능력, 그리고 이를 꾸준히 유지·발휘할 수 있는 마음의 습관까지 포함된다.

색인

ㅅ

ㅇ

감사의 말

이 책을 탄생시킨 연구는 내가 대학에서 역사학 교수로 15년 이상을 보낸 뒤인 1980년대에 시작되었다. 이 연구는 내가 밴더빌트, 노스웨스턴, 뉴욕대학교에서 교수학습센터 초대 소장이 되면서도 계속 이어졌다. 나 이외에 두 사람이 이 연구에 중요한 역할을 했다. 마샤 페이 마셜은 처음부터 끝까지 함께하며 연구의 모든 면을 지원했고, 여러 결론을 도출하는 데 핵심적인 역할을 했다. 제임스 랭은 연구, 집필, 결론 도출 등을 도왔다. 그가 더 이상 연구에서 주도적인 역할을 하지 않게 되었을 때에도 그는 내가 이 작업을 계속할 수 있도록 독려했다.

연구를 수행하는 동안 우리는 연구 대상은 아니었지만, 후보자 발굴을 돕고 새로운 아이디어를 검토하며 연구에 기여한 많은 동료들의 지원에 의존했다. 친구들과 친척들도 다양한 방식으로 힘을 보탰고, 소집단 분석에 참여하거나 최고의 교육자와 최악의 교육자에 대한 경험을 들려준 수많은 학생들도 마찬가지였다. 특히 나의 자녀 토니아와 마샨, 그리고 며느리 앨리스는 연구 초기에 모두 대학에 다니고 있었는데, 그들의 경험과 성찰은 내게 큰 자극이 되었다. 원고를 준비하는 마지막 단계에서도 그들은 내용을 더욱 개선할 수 있도록 소중한 제안을 아끼지 않았다.

우리가 '자연스러운 비판적 학습 환경'이라고 부르게 된 개념의 윤곽이 처음 떠오른 것은 토니아와 밴더빌트의 언어학습 기숙사 생활 경험에 대해 이야기하던 중이었다. 볼티모어에서 미술을 배우는 학생으로서의 경험을 나누어 준 알 마시노에게도 감사를 전한다. 또한 초기 원고의 일부를 읽고 값진 제안을 해 주었던 사우스캐롤라이나의 훌륭한 교육자인 브레나와 존 워커에게 감사를 전한다. 나의 편집자 엘리자베스 놀과 크리스틴 토르스테인손은 집필의 마지막 단계에서 많은 조언을 해 주었다. 엠마 로시와 로니 레이바는 원고의 최종 준비 과정에서 귀중한 도움을 주었다.

무엇보다 이 연구에 참여하여 자신의 교수법에 대해 우리와 시간을 내어 이야기하거나 우리의 요청에 따라 공개 강연을 해 준 모든 멋진 사람들에게 감사를 전한다. 마지막으로, 내가 태어나기 훨씬 전에 조지아와 앨라배마의 여러 소도시 고등학교와 초등학교에서 교편을 잡았던 부모님 제시 리 베인과 베라 브룩스 베인에게 감사드린다.

켄 베인 학습 혁명

초판 1쇄 발행 2025년 10월 20일

지은이 켄 베인
옮긴이 배효진
펴낸이 민혜영
펴낸곳 카시오페아
주소 서울특별시 마포구 월드컵로14길 56, 3~5층
전화 02-303-5580 | **팩스** 02-2179-8768
홈페이지 www.cassiopeiabook.com | **전자우편** editor@cassiopeiabook.com
출판등록 2012년 12월 27일 제2014-000277호

ⓒ켄 베인, 2025
ISBN 979-11-6827-351-1 03370